Just One Thing

Twelve of the World's Best Investors
Reveal the One Strategy You Can't Overlook
by John Mauldin

わが オンリーワン投資法

ジョン・モールディン【編】
関本博英【訳】

Pan Rolling

Just One Thing : Twelve of the World's Best Investors Reveal the One Strategy You Can't Overlook
by John Mauldin

訳者まえがき

本書は国際レベルで活躍するプロたちが、「自分の子供たちにぜひとも伝えておきたい大切な投資の知恵」をひとつだけに絞ってまとめたものである。しかし、ここで語られる彼らのオンリーワンの投資術は実に多岐にわたっている。

第１章では日々押し寄せてくる膨大な情報の波という霧のなかで、いかにして将来の有望な投資対象を見つけるのか。筆者は山登りとそれまでの人生の体験を通してその方法を語っている。第２章はプロ中のプロのトレーダーが語るトレーディングルール。「学者たちから見ると欠陥だらけ」という筆者のシンプルなトレード手法は、すぐにでも応用・実践できるだろう。なにしろ、その手法は30年以上にわたり投資の世界を生き抜いてきた末に確立されたものであるからだ。

第４章は投資＝株式という固定観念から抜け出せない一般投資家に対して、債券投資の魅力を「ザ・ロング・ボンド」号というモーターボートの話を交えて語っている。「長期投資をベースとした少数派の正しい考え方を忠実に守ること」という筆者の投資原則は謹聴に値する。第５章は投資に伴うリスクというものをさまざまな角度から分析している。その結論として、リターンを得るにはリスクを取らなければならないという従来の考え方をひっくり返し、「リスクはリターンを得るための条件ではない」と断言する。

第６章の「投資の心理」を読めば、行動ファイナンスに対する興味が大きくわくだろう。われわれは自分なりによく考えて投資決定を下しているつもりでも、実はさまざまなバイアス（偏見）の影響を受けている。これまでのファイナンス理論では投資家はホモエコノミクス（完全に合理的な人間）であることが前提となっているが、本当にそうなのか。行動ファイナンスの学者たちが追究したのは、投資という不確実な状況の下で人間はどこまで合理的に判断・行動できるかということである。この章ではさまざまな実験結果を紹介し、われわれ人間の行動の不合理さを明らかにしている。

第８章はビジネスパーソン向けの勝者のルールである。一般に投資とは「利益を見込んで事業にお金を出したり、証券などを購入すること」と定義される。こうした狭義の定義を「経済的にはもちろん、心身両面でも人生を豊かにするためにお金を投じること」というように投資を拡大定義すれば、この章は投資家にとっても大いに参考になるだろう。筆者の言う「まずは他人の利益を考えよ」とは言うは易く行うは難しであるが、「そうした努力をしなければ、われわれ人間の世界に進歩はないだろう」という訴えは、われわれ現代人が忘れかけている大切な人生のルールに改めて目を向けさせるものである。

このように本書はプロたちが広い意味の投資について、自分流に自由に語るいわばエッセー集のようなものである。その意味ではあまり肩ひじ張らずにリラックスして読んでほしい。なお、原書の第７章と第９章は日本の読者にとってあまり参考にならないと思われたので、編者の了解を得たうえで割愛した。

本書の邦訳出版を決断された後藤康徳（パンローリング）、編集・校正でお世話になった阿部達郎（FGI）の両氏には心よりお礼を申し上げます。

2006年５月

関本博英

CONTENTS 目次

CONTENTS 目次

序文

「ひとつだけ、そうあなたが子供たちに伝えたい大切な投資の知恵をひとつだけ語ってください」。私は彼らにそう言って各章の執筆をお願いした。投資の分野で働く素晴らしいことのひとつは、これらの素晴らしい人々と知り合いになれることである。彼らの貴重な知恵を拝借し、そこから多くのことを学ぶことができる。読者の皆さんも本書の執筆者と語り合う機会があれば、彼らの知恵はあなたの投資人生を実り豊かなものにするだろう。彼らが語る投資の知恵の価値を数量化することはできないが、それらを吸収して実践すれば、投資の腕が上がって損失の苦痛が軽減することだけは確かである。彼らが学んできた知恵の宝庫を皆さんと分かち合うために、私は本書を編集した。ひとつの知恵とはいってもそこには特に決まった形式もないので、各章の長さやテーマは執筆者の自由裁量に任せた。各章は平均的な一般投資家でも十分に理解できる内容となっている。

マーク・フィンはファンドマネジャーの過去のパフォーマンスの問題を取り上げており、その豊富な経験は大手機関投資家向けのコンサルティングに生かされている。デニス・ガートマンは大切なトレーディングルールについて語っているが、皆さんがそれらのルールを無視すれば、大きな損失に泣くことは請け合いである。アンディ・ケスラーは霧のなかの登山という自らの経験を通して、将来の有望な投資対象を見つける方法を語ってくれた。ゲーリー・シリングが語る国債の大きな魅力、株式投資のリターンを年間２％上乗せできるというロブ・アーノットのファンダメンタルズ指数ファンド、マイケル・マスターソンが語るビジネスパーソンの勝者のルールなどの話もとてもおもしろい。

ジェームス・モンティアは投資決定における人間心理のバイアスに

関する最新の調査結果を紹介してくれた。彼は投資心理学の専門家でこの問題に関する著書もあり、この章はぜひじっくりと読んでほしい。1958年から日刊ｅレターを発行しているリチャード・ラッセルは、複利の威力や行動することの大切さについて素晴らしい話をしてくれた。エド・イースタリングは「リスクはリターンを得るための条件ではなく、利益を積み上げるには損失を出さないこと」として、不必要なリスクを取らず、リスクに直面したときもそれを味方にする方法について語ってくれた。そして最後に、現在進展している世の中の大きな変化について私が執筆した。われわれはこの大きな変化の波と、それをうまく利用する方法について知らなければならない。今後20年間の投資の成否は、こうした変化のプロセスにどのように対処するのかによって決まるからである。これらのプロたちが語る各章から、皆さんは投資と人生で成功するための多くの知恵をくみ取られるだろう。なお、各章の順序はランダムに配列されており、どこから読み始めてもよい。

最後に大切なことをもうひとつ付け加えるならば、それはこれらプロたち語る投資の知恵を実際の投資で実践することである。そのためにはこれらプロたちの投資のルールやアドバイス、貴重なアイデアなどを、どのように投資と実生活に生かすのかを考えながら読んでほしい。そうしてはじめて、本書は皆さんにとって価値ある投資本となるのである。

第1章
霧のなかの道標
Signposts in the Fog

アンディ・ケスラーの活動範囲はかなり広い。ニューヨークの大手企業でリサーチアナリストやインベストメントバンカーを務め、その体験を『ウォール・ストリート・ミート（Wall Street Meat）』という本にまとめた。その後にヘッジファンドのベロシティ・キャピタル・マネジメントを共同設立し、わずか数年間で8000万ドルの資金を10億ドルにまで増やした（その体験談は『ランニング・マネー（Running Money）』にまとめられた）。現在はウォール・ストリート・ジャーナル紙の特集ページをはじめ、フォーブスやワイヤード誌にも執筆するかたわら、CNBC、CNN、フォックスニュース、デートラインNBCなどにも頻繁に出演している。最近出版された『ハウ・ウィ・ゴット・ヒア（How We Got Here）』には、蒸気機関車からインターネットに至るまでの産業発展の歴史が描かれている。カリフォルニア州に妻と４人の子供と居住し、新しいプロジェクトに取り組んでいる。最新本の内容は「http://www.andykessler.com/」からダウンロードできる。――ジョン・モールディン

霧のなかの道標

アンディ・ケスラー

　数年前、あまり乗り気でなかった友人のポールを誘ってニューハンプシャー州のワシントン山に登った。８月の美しい朝で空には雲ひとつなく、鳥がさえずっていた。ポールは13キロほど走ったばかりだったが、私のこのミニ登山にどうにか同行してくれた。彼はランニングウエアを着たまま、私は今はやりの鮮やかな青のＴシャツを着た。駐車場に車を止めて登山口に向かったところ、ウルシの木や凶暴なリスにご用心という掲示板の横にこんな標識が立っていた。「止まれ。この先の天候は変わりやすく、夏でも多数の死者が出ている。天候が悪化したら直ちに引き返しなさい」

　私は雲ひとつない空を見上げ、これが悪天候なのかと皮肉っぽく叫んだ。山登りはちょっと疲れるが、それほどつらくはなかった。しばらく歩くと森は岩場に変わり、温度は急に下がり、濃い霧が頭上約３メートルのところまで降りてきた。私たちは歩き続け、ついに霧のなかに突入した。

「登山道がどこにあるか分かるかい」。ポールが叫んだ。

「いいや」

「何も見えないな」

「このあたりに道標のようなものがあると聞いていたが」

「あれかな」。４個の大きな岩で固定された黄色の岩のようなものを指さしてポールが言った。

われわれは霧のなかをそちらのほうに向かった。そこに着くとそこからさらに3～5メートルほど先のところに、もうひとつの黄色い岩が見えた。その道標のほうにゆっくりと歩いていったが、すでに体は芯まで冷えていた。ある時点では足下さえも見えず、その黄色い岩の道標は幻覚なのかとも思ったが、道標であることをはっきりと確認して心が爽快になった。すでに午後の2時を回り、寒く空腹でしゃべることもできなかったが、われわれはついにワシントン山の頂上に到達した。登頂の旗を立てる余裕もなく、われわれは歯形レール鉄道の順番待ちをしていた人々を押しのけてレストランに直行した。そこでワシントン山が描かれたやけに値段の高いトレーナーを買って着込んだあと、脂っこいチーズバーガーをがつがつとほおばった。5分ほどぶらついたあと、「さて下山しようか」とポールが言った。今度はどうしたらよいのか迷うことはなかった。これが投資のコツをつかんだ私の体験である。

霧のなかの投資

投資は（友人がよく言っていたように中国の算数と同じほど）本当に難しい。それは心労が絶えず、心は不安定になり、屈辱的な思いも数えきれず、本当に激変する悪天候にさらされたようなものである。かつてのパートナーであるフレッド・キットラーは、「株式市場は、これでもかこれでもかと苦しみを突きつけてくる」とうまいことを言った。もっとも私はそれほどつらい思いをしたことはあまりない。私は変転の激しいハイテク企業をフォローするアナリストを皮切りに、インベストメントバンカーやベンチャーキャピタリストを務め、最後は資金を10億ドルに増やしたヘッジファンドのマネジャーとしてウォール街でのキャリアを終えた。それはまさに霧のなかの投資によって達成された。

白日の下で金儲けはできない

初心者向け株式投資講座でもよく言われるように、株価とはその企業の将来の利益の現在価値を反映したものである。何と簡単なことだろうか。あなたが知らなければならないのは、その企業の現在の利益、成長率、将来の利益を現在価値に換算する割引率などだけである。例えば、ウィジェッツR Usという企業の昨年の1株当たり利益は1ドル、成長率が12％であるとすれば、2.83％のインフレ率を見込んだ妥当株価は18.42ドルとなる。同社の実際の株価は20ドル、あるいは15ドルであるかもしれない（この水準であれば多くの買いが入るだろう）。しかし、同社のそうした数字は太陽のように明らかであり、投資家はだれでも知っている。つまり効率的市場仮説によれば、このような周知の状況下でお金を儲けることは不可能である。しかし、このハイテク部品メーカーのビジネスは常に変化しており、これからさらに良くなることもあれば、悪くなることもあり、将来的に12％の成長率を維持することはできないかもしれない。それでも現在の株価は12％の成長率を反映したものとなっている。

株価に織り込まれる材料は毎日変わり、その企業の価値も常に変化している。期初の設備投資計画は売上高と利益の変動によって修正されるかもしれないし、企業の成長率もグローバルな経済の動向に大きく左右される。インドネシアで舞うチョウの羽ばたきは株価とは無縁だが、タイの政変は株価に大きな影響を及ぼす。その影響ははっきりと数量化できないが、それによってリスク調整後の成長率が修正されるのは間違いない。ウィジェッツ社の株価はいわば白日の下にさらされており、すべての投資家がそれを見ている。これに対して私は、と言えば、だれも何も知らないいわば霧のなかに身を置いてきた。判断が正しければ、霧を見通して黄色の道標を見つけることができる。そしていったんそこにたどり着けば、適正な株価が一目瞭然となる。私はこのようにして次々と道標を探し求めてきたのである。

霧のなかの投資

霧のなかの投資とは逆張り投資のことではない。それはほかの人よりも一歩先を見ることである。もしもすべての投資家がスターバックスのコーヒー店でコーヒーをすすりながら、インターネットに接続したパソコンを見ているとすれば、あなたはすでに遅すぎる。株式市場はすべてのことを知っているので、コンピューターのチップやサービス企業の成長率は直ちに株価に織り込み済みとなる。霧のなかの投資とは、ほかの人が見えないものを見ることである。多くの人が霧に包まれればパニック状態になるかもしれないが、霧のなかの投資家はそうしたときでも平静さを保ち、想像力を駆使して将来を見据え、遠くのおぼろげなものが現実になったかのように投資するのである。割安な値段で投資したおぼろげなものが次第に現実になれば、あなたは大儲けできる。もはやあなたは霧のなかにいるのではなく、そのときにはすべてが白日の下にさらされる。

マネーマネジメント会社のトレーディングルームに一歩足を踏み入れると、そこにはびっくりするような世界がある。点滅する多くのスクリーンには株価、ニュース、プレスリリースなどが映し出され、CNBCのモニターにはさまざまな情報が流れている。ウォール・ストリート・ジャーナル紙を読んでいるマネーマネジャーがいるかと思えば、ニューヨーク・タイムズ紙の経済欄、バロンズ、フォーブス、フォーチュンまたはビジネス・ウィーク誌に目を通す者。さらにはマーケットウオッチのｅメールアラートを読んだり、ヤフーやモトリー・フール（個人向け投資教育・金融情報サービス大手）のメッセージボードをスキャンするマネジャーもいる。それはマーケットが開く前の光景である。彼らは大手証券会社からのｅメールやモーニングコールズの相場コメントをチェックし、大手企業ではウォール街のセールスパーソンからの電話がひっきりなしに鳴っている。

それならば、彼らはそこから有益な株価情報を得ているのだろうか。私には大いに疑問である。情報とはマーケットの動きを伝えるものであるが、それはすべての投資家が知っている白日の下にさらされた事実である。大切なことはそうした情報が３カ月、６カ月、18カ月、さらには（あなたにそれだけの忍耐力があるならば）３～５年先にどうなっているかである。それらの情報があなたの予想したとおりの現実になれば、あなたは相場の勝者となる。すなわち、それまではぼんやりとしか見えなかった黄色い岩の道標にあなたはたどり着いたのである。それはほかの人がだれも信じなかったとき、最初に投資したあなたにもたらされたリターンである。そうした道標を信じて購入した株式は20～30％どころか、２倍、３倍、ときには10倍もの利益をもたらす。それが投資というものである。

投資の道標を見つける

それならば、投資の道標とは具体的にどのようなものなのか。それはやがては99％の確率で現実となる大きなトレンドである。それを見つけるには当てずっぽうではダメであり、努力と汗と試行錯誤が求められる。もしも間違った道標に向かえば、崖から落下するかもしれない。または宝庫に至る隠れた道を見つけようとして、霧のなかで道に迷ってしまうこともある。私は20年間にわたりウォール街に身を置いてきたが、その期間中に２つの霧中の道標を見つけた。私は投資のプロとして10億ドルの資金を運用したが、そのベースとなったのはこの２つの道標である。その２つの道標とは、①価格弾力性、すなわちある製品の値段が安くなればそれは大きな市場を形成する、②（情報を含む）インテリジェンスはネットワークの隅々まで行き渡る――ということである。以下ではこれらについて説明しよう。

価格弾力性

1985～1986年ごろ、株式については何も知らなかった26歳の電気技師の私は、ニューヨークのペインウェバー証券に半導体アナリストとして雇われた。この業界のその当時の受注には大きなばらつきがあり、1986年春までに大不況に突入した。インテル、テキサス・インスツルメンツ、モトローラ、アドバンスト・マイクロ・デバイシーズ（AMD）などの株価は軒並み暴落した。受注は完全に途絶え、メモリーとマイクロプロセッサーの価格も底なし沼に落ちたかのようだった。その当時の私はチップを購入するのはIBMではなく、これらの部品メーカーであると知っていたので、それらの株式を売り推奨する一方、反転と買い推奨のきっかけを模索していた。私はエレクトロニクス・マガジン誌でEPROM（消去およびプログラム可能なROM）についての記事を読み、この部品の価格が下がるごとにその使用量と使用範囲は飛躍的に伸びていくと予想した。EPROMを使用する製品はビデオゲーム、パソコン、モデムと広範囲にわたるので、値段が安ければそれに比例して売り上げは増加すると主張した。こうした現象は「価格弾力性」と呼ばれる。その当時のエコノミストにはこうした知識がなく、これについては何もコメントできなかった。

私はチップと半導体のこうした価格弾力性というコンセプトをひっさげてリサーチ活動を展開した。すでにインテルの共同設立者のひとりであるゴードン・ムーア会長は、1965年４月号のエレクトロニクス・マガジン誌に「半導体の集積度は１年半で２倍になる」という半導体技術の進歩に関する予測を発表していた（これが「ムーアの法則」と呼ばれるものである）。価格弾力性とは半導体の価格が下落するごとにこの産業が発展していくことを、いわば経済的に説明したものである。その後の半導体産業は私の予測どおりに急発展し（半導体メーカーの株式も急上昇していった）、私は花形の半導体アナリストとなった。

しかし、この道のりもけっして平坦なものではなかった。私がこのことを話すたびに、ファンドマネジャーたちからは「一体あんたは何の話をしているの」といった冷たい視線が向けられた。友人や家族からもよくこうした視線を浴びたものだ。そこで私は冷静に半導体の価格が下がるごとに、それを使用する製品の範囲が広がっていくことを口を酸っぱくして説明した。レーザープリンターに高性能で安価なメモリーが組み込まれると、印刷時間は速く、コストも安くなっていく。ラッキーなことにDTP（デスクトップ・パブリッシング）が急速に普及し始めたおかげで、私のこの価格弾力性のコンセプトも次第に受け入れられていった。

1996年に私はパートナーとベロシティ・キャピタル・マネジメントを設立し、半導体の価格弾力性が今も有効であるならば、電気通信事業の帯域幅（データ通信の伝送容量）もこれにならうだろうと主張した（ウォール街の人々はまだこうしたことが理解できなかった）。企業や家庭向けのデータ送信コストが安くなれば、便利な機能を備えた安い製品が続々と登場するはずである。事実、モデムのスピードは14.4キロビットから256キロビット、さらには１メガビットになり、LAN（域内通信網）の伝送速度は10メガビット～ギガビットが普通になった。これを可能にしたのが光ファイバーであり、インターネットの普及と相まってそれをベースとした多様なビジネスも急成長した。1996年当時、電気通信事業の価格弾力性に関するわれわれの主張に多くの人々はうさんくさい目を向けていたが、1999年までにこうしたことを知らない投資家はいないほどになった。こうした価格弾力性は今でも有効である。メモリーの価格がさらに下落してますます多くのメモリーがデジタルカメラ、携帯電話、パソコン、10ギガビットのネットワークなどに組み入れられれば、その市場はさらに拡大していくだろう。こうした半導体の価格弾力性は自動車、医療、金融サービスでも働いており、目を凝らしてそうしたトレンドを見極めれば、霧中の道標にたどり着くことができるだろう。

インテリジェンスはネットワークの隅々まで行き渡る

以下ではもうひとつのトレンドについて述べるが、それは価格弾力性の副産物のようなものである。このトレンドは安価なパソコン、高機能の携帯電話、ブロードバンド（広帯域）通信のなどが広く普及したときに起こる。これについてある慧眼の人はこう語っている。

> ネットワークが広い範囲に普及すると、ひとつの中央権力ですべてをコントロールすることはできない。そうした遠隔的なコントロールではすべてのことに目が行き届かなくなり、人々の適切な管理はできなくなる。その結果、仲介業者の汚職、略奪、腐敗などがまん延する。

これは第３代大統領のトーマス・ジェファーソンが1800年に述べた言葉である。ジェファーソンの連邦主義的な信念は農村教育によって培われ、中央集権主義に対して強く抵抗した。こうした「インテリジェンスはネットワークの隅々まで行き渡る」というトレンドは、パソコン、iPod（アップルコンピュータの携帯音楽プレーヤー）、携帯電話、デジタルカメラ、GPSマップ（位置情報サービス）などの普及によって促進されている。1983年以前のネットワークは古いアナログ勢力（SBCコミュニケーションズ、コムキャスト、シンギュラー・ワイヤレス、タイム・ワーナー、ベライゾンなど）に支配され、政府管轄の委員会がすべてのルールを定めていた。通信価格も統制され、ネットワークのセンターは硬直化し、まずは権力者の利益が優先され、ユーザーの利益は二の次だった。こうした状況がテクノロジーの革新や新しいビジネスモデルを凍結していた。

例えば、SBCのサービスを見ると電話料金は月額20ドル、12のボタンしかない使い勝手の悪い電話機で、ネットワークの各地コールセンターまでいくつものラインが伸びていた。それが今ではスカイプ（IP電話のフリーソフト）によるダウンロードはもちろん、パソコンや携帯電話での音声や画像の送受信は無料である。情報はインターネットを通じて全世界を自由に駆けめぐり、シスコシステムズやジェニパー・ネットワークスのルーターでは何兆パケットもの情報が行き来する。それらはインターネットのウエブページ、グーグルのリサーチ情報、アマゾンへの書籍注文などであり、今ではネットワークは司令塔ではなく、スプリンター（短距離走者）である。

ポストインターネット時代の生き残りをかけ、2005年５月には米地域通信最大手のベライゾン・コミュニケーションズによる長距離通信２位のMCI（旧ワールドコム）の買収が発表されたが、これについてベライゾンのイバン・サイデンバーグCEO（最高経営責任者）は次のように述べている。

　ネットワークの拡大は顧客向けサービスの生命線である。おもしろいサービスや便利な機能を含むすべてのインテリジェンスはネットワークに取り込まれる。

これはかのジェファーソンの言葉と符合する。ベライゾンはユーザーがネットワークで利用できるすべてのサービスを提供しようとしている。インテリジェンスがネットワークの隅々まで行き渡ると、ITイノベーションは急速に進展する。携帯電話会社の基本サービスには電話のブラウザを通じて、音声やメールのほかに地図情報やその他の便利なサービスが付加されるだろう。フランスのミニテル社は20年前に初めて天気、ニュース、電車時刻などの情報サービスを開始したが、それらはすべて中央センターの職員が膨大な時間と費用をかけてプログラムしていた。ところが今ではグーグルにアクセスすると、知りたい情報が一発で検索できる。このようにわれわれのネットワーク機能は日に日に高度化している。これからもメガピクセル（画素）のカメラ、プログラム可能なテレビ、GPSサービスを標準装備した携帯電話などの便利なサービスが続々と登場するだろう。

話の続き

ワシントン山から下山したポールと私はようやく車のところに戻った。そこは雲ひとつない夏の青空の下で、ワシントン山で買ったトレーナーを着ているとさすがに暑かった。われわれは馬でも食えるぐらいに飢えていた。地図を見て東に向かう道路を確認し、速度制限法に違反するくらいに突っ走り、数時間後にメーン州の海岸に到着した。近くのレストランに駆け込み、われわれ２人はそれぞれ500グラムもあるロブスターを３匹平らげた。それはこの日の山登りと霧のなかの道標探しのご褒美だった。

第2章

それほど簡単ではないトレーディングルール

The "Not-So-Simple" Rules of Trading

デニス・ガートマンはトレーダーのなかのトレーダーである。毎朝２～３時に起床し、６時までにザ・ガートマン・レターを執筆する。彼はほぼ20年間にわたり通貨、商品、エネルギー、金属市場を分析してきた。ガートマン・レターの読者は、富裕層、有名人、一般投資家のほか、全世界の大手トレーディング会社やファンドなど広範にわたる。テレビ番組にもよく出演し、投資セミナーのゲストスピーカーとしても引っ張りだこである。彼の毎日のトレード記録は全世界に公表される。デニスは私の良き相談役であり、有力な情報源のひとつである。バージニア州サフォークに在住し、ゴルフの腕前はハンディ５。趣味は出張・旅行したときに一流ホテルの大きなスイートルームに泊まることであるが、彼にはその資格が十分ある。——ジョン・モールディン

それほど簡単ではないトレーディングルール

デニス・ガートマン

投資（トレーディング）の世界では高度な知恵で利益をたたき出す極めてハイレベルな人々の世界でも、グローバルな経済の下に隠れた無数のゴツゴツした岩に追突して息絶えた投資家の死体が散乱している。それはマネーマネジャーや個人投資家がどれほどの知恵や教育を身につけていようと変わりはない。同じような原因でこれらの岩に突き当たってマーケットから退出した人々は数え切れない。ベアリング証券シンガポール支店トレーダーによる巨額損失で倒産した英ベアリング銀行（1995年）、住友商事社員の銅不正取引による巨額損失（1996年）、大手ヘッジファンドLTCM（ロングターム・キャピタル・マネジメント）の破綻（1998年）などのショッキングな事件もまだ記憶に新しい。

私は1970年代初めから銀行のトレーダー、CBOT（シカゴ商品取引所）のメンバー、個人投資家、ザ・ガートマン・レター（1980年代半ばから発行している主に機関投資家向けの日刊ニュースレター）の執筆・発行者としてトレーディングの世界に身を置いている。私はかろうじて生き残っているが、バカバカしいほどの判断ミスを何回も重ねてきた。ときに鋭い洞察力による素晴らしいプレーもあったが、これは確実に上がると読んだファンダメンタルズによる自信あふれた予測がそうはならなかったことも数え切れない。相場の論理からかけ離れたファンダメンタルズを読み違えたものの、結果的に大儲けしたこともあった。大きな利益を手にしたり完敗したり、私は数多くの勝利と失敗、収支トントンで逃げたことなどを経験してきた。

50代半ばになって周りのこうした相場ゲームを見渡すと、下手なプレーヤーであるがラッキーな人、相場はうまいが不運な人、平凡なプレーヤーであるが自分の歩をわきまえて長期にわたって安定した利益を上げている人、大きく儲けたかと思えば大損するなど浮き沈みの激しい人などさまざまである。自分自身とこれらの人々の体験から、私は１日、１週間、そして１カ月と相場の世界で生き残っていくための「それほど簡単ではないトレーディングルール」をまとめてみた。私自身このルールを忠実に守ったときは利益を手にし、そうでないときは損失を出した。もしもLTCMがノーベル経済学受賞者の理論に耳を傾けずこれらのルールを守っていたら、現在でも現存するどころか、大きな利益を上げ続けていただろう。また巨額損失を出したベアリング証券のトレーダーや住友商事の社員もこれらのルールに忠実であったら、今でも優秀なトレーダーであっただろう。それらのトレーディングルールとは次のようなものである。

損失の出ているポジションを膨らませるな

ルール１　どのような状況下でも絶対にナンピンはするな！

ナンピン買い下がり（またはナンピン売り上がり）はマーケットからの退出を余儀なくされる元凶である。LTCM、ベアリング証券や住友商事のトレーダーもすべてこれでやられたし、ほとんどの負け組投資家もこれに引っかかってしまう。ナンピンがもたらすものは資金の喪失だけである。ナンピンしたあとに相場が反転して最終的にラッキーな結果になったとしても、それは長期的には致命傷となる。一方、投資対象が株式や商品、通貨であっても、上昇トレンドが続くかぎり高値を買い続ければ、最終的には利益になる。もちろん、どんな相場もいずれは反転するため、最後のすっ高値を買えばやられてしまう（そこは買いポジションを手仕舞うところである）。しかし、上がったところを買えばトレードは続けられるし、マーケットはその分析の正しさを立証してくれるだろう。

ルール２　もう一度、どのような状況下でもナンピンはするな！

不動産投資の３つのルールとは「立地、立地、立地」である。これと同じように株式や商品、通貨などどのマーケットに投資するときも、絶対に忘れてはならない３つのルールとは「絶対にナンピンはするな」である。

勝ち組サイドにつけ

ルール２　雇われ兵士のようにトレードせよ！

世紀の株式相場師であるジェシー・リバモアはかつて、強気や弱気サイドではなく、利益になっているほうにつくべきだと述べた。これは本当に先見の明ともいえる言葉である。われわれは必ず利益になっているほうについて戦う（トレードする）べきであり、それが逆転したら直ちにポジションをドテンしなければならない。ジョン・メイナード・ケインズがある株式セミナーで前年に買い推奨した株式を空売りするようアドバイスしたところ、聴衆のひとりがなぜこれまでの立場を変更したのかと批判した。これに対するケインズの返答はこうだった。「この会社の状況は変わりました。現実が変化すれば、私も変わります」。ケインズは雇われ兵士のように、利益になっているほうについて戦うトレーディングの合理性をよく知っていた。現実が変化すれば、われわれも変わらなければならない。そうでないトレードは不合理である。

含み損のポジションにしがみつくな

ルール４	**実は投資資金には現実のお金とメンタルなお金という２つの顔がある。そのどちらが大切かといえば、それは圧倒的にメンタルなお金のほうである！**

含み損のポジションにしがみつけば現実の資金は減っていくが、それ以上にマイナスなのは投資心理を大きく萎縮させることである。その結果、トレードするのが次第に怖くなり、せっかくの利益のチャンスも逃してしまう。

勢いのあるほうに向かえ

ルール５	**大切なことは安きを買い・高きを売ることではなく、高きを買ってさらに高くなったところで売る、または安きを空売りしてさらに安くなったところで買い戻すことである！**

われわれはどこが本当の安値・高値なのかを知ることはできないが、トレンドがどちらの方向に向かい、それに乗る少しのチャンスはとらえられるだろう。上昇トレンドがまだ続いていれば高くても買う。その反対にトレンドが下方を向いていれば、安くても空売りしてさらなる安値で買い戻す（ただ実際には相場がどこまで上昇・下降するのかを予測することはできない）。例えば、1980年代初めのノーテル・ネットワークスの（株式分割後の）株価はほぼ１ドルだったが、2000年初めには90ドル近くまで上昇し、2002年までに再び１ドル近辺まで急落した。上昇トレンドが続いているときは20ドル、30ドル、70ドル、85ドルでさえも安かったが、下降トレンドになれば70ドルはもとより、30ドル、20ドル、10ドル、さらには５ドルでも高かった。ここから得られる教訓はどこが本当に高い・安いのかを知ることはできないが、いったんトレンドが形成されると、相場は最も楽観的（または悲観的）な投資家の予想値よりもはるかに先まで進むということである。

ルール６　弱きを売り、強きを買え！

比喩的に言えば、相場が弱いときは紙袋にぬれた石を入れるような投資をする。紙袋はすぐに破けて石は落ちてしまう。一方、強いトレンドのときは相場は予想以上に先まで進むので、その追い風に乗るような投資をする。婦人向けアパレル産業の人々はこうしたルールをよく知っているので、売れ筋商品は大量に仕入れるが、売れない商品の仕入れは直ちにストップする。彼らは売れないデザイナーの衣料品を直感的に選別し、それらを処分して資金を回収し、それで優れたデザイナーの売れ筋商品を仕入れる。つまり、彼らは直感的に最も強いデザイナーを買い、最も弱いデザイナーを売っている。ところが多くの株式投資家はこれとまったく逆のことをしており、勝ち組銘柄を売って負け組銘柄にその資金を注ぎ込んでいる。彼らはいわばベストのデザイナーを売って、ワーストのデザイナーを買っているのである。衣料品店のオーナーはけっしてそんなことはしない。株式投資家も自分のやっていることが本当に賢明なのかどうかをもう一度考えるべきだ。

合理的な行動はときに高くつく

ルール7	強い相場では買いまたはニュートラル、 弱い相場では売りまたはニュートラル！

ルール6は合理的に見える行動について述べたものである。しかし、目先の調整局面を予想し、また違った視点から相場を見ようとして、急上昇したあとに買い持ち銘柄を売却（または急下降したあとに空売り銘柄を買い戻し）することもよくある。結果的にはこれまでと同じトレンドが続くことも少なくないが、こうしたことを繰り返すと実際の資金だけでなく、メンタルな資金も減り続け、さらに判断ミスを繰り返すという悪循環に陥ってしまう。こうしたことを避けるには、強い相場では買いまたはニュートラル、ときには積極的な買い、つまり長い上昇相場のあとでは増し玉をしてもよい。その反対に弱い相場では売りまたはニュートラル、ときには積極的に売ってもよいが、少しのポジションでもこの逆のことをしてはならない。以前に私は古い友人とCBOTの喧騒とした債券取引ピットに立ったことがあったが、その騒然とした雰囲気に恐れをなした彼は私の質問にこう答えたものだ。「フラットだね。今はとてもナーバスだから」。マーケットが恐ろしくなったときはポジションを持たないほうがよい。

ルール8　マーケットはわれわれが考えているよりもはるかに非合理的である！

これを最初に言ったのは確かケインズだったと思うが、実際にこの言葉を最初に聞いたのは何年も前のある朝のことである。親しい友人で良き相談役でもあるゲーリー・シリングと話していたとき、彼は投資した米債券が自分の予想ばかりでなく、明らかにそのときの経済的ファンダメンタルズにも逆行していると嘆いていた。膨らむ含み損を抱えた彼はがっかりして電話でこう語っていた。「デニス、マーケットって本当に非合理的だよね。われわれが考えている以上に非合理的なところまで行ってしまう」。シカゴ大学の学者たちはかつてマーケットは合理的であると主張していたが、日々マーケットに身を置いているわれわれはけっしてそうではないことを知っている。われわれはそうしたマーケットの非合理性を受け入れ、それを承知でトレードし、行動することを学ばなければならない。それ以外のルールはない（米債券相場はその後に反転し、シリングのポジションは利益となってその予想が正しかったことを証明したが、それまでにメンタルな資金はどれほどすり減ったことか）。

ルール9　投資には波があり、良いときもあれば悪いときもある。われわれはそのことを素直に受け入れ、それを承知でトレードするしかない！

学者たちはまったく分からないだろうが、相場で生計を立てているわれわれはどのようなトレードでも（たとえミスったようなトレードでも）利益になったり、その反対に賢明に思慮深く行動しても、さらに高度な分析を重ねても損失になることもある。これは避けられないことである。幸運の風が吹いているときはポジションを大きく取り、最大限の利益を追求してもよい。しかし、いったん向かい風になったら次第にポジションは小さく、トレードは少なくして、幸運の女神が再びほほ笑むまで待つべきだ。私のトレーディングルールを守っていれば必ずチャンスはやってくる。本当だよ。

ファンダメンタリストとして考え、テクニカルアナリストとして行動する

ルール10	**投資（トレーディング）で成功するためには、ファンダメンタリストとして考え、テクニカルアナリストとして行動しなければならない！**

マーケットの方向を決める経済的なファンダメンタルズを理解することは絶対に必要であるが、それと同時にテクニカルな知識も知らなければならない。そうしてはじめて正しいトレードができるようになる。例えば、マーケットのファンダメンタルズが強気、トレンドが下方を向いていると読んだとき、買いに出るのは非合理的である。その反対に、ファンダメンタルズが弱気、トレンドが上方を向いていると判断したとき、空売りするのも非合理的である。さらにファンダメンタルズが強気、トレンドが上方を向いていると読んだとき、買いに出ないのはさらに非合理的である。

ルール11	テクニカルなトレード手法はシンプルに！

私はこれまで聡明な若者が極めて複雑かつ高度なトレード手法について、詳細に説明するのを何度も聞いてきた。それらは膨大な労力とエネルギー、多額のお金と時間をかけて作り上げたものであろうが、私のこれまでの長い経験に照らせば、そうした複雑な手法で利益を上げることはできない。複雑な手法は混乱するだけだ。これに対し、単純な手法によれば素早い決定ができるし、判断ミスもすぐに分かる。何よりも正確なところがよい。私の知るかぎり、偉大なトレーダー（投資家）はいずれもシンプルな手法を使っていた。単純なトレンドラインを引き、単純なテクニカルシグナルに基づいてトレードし、行動するのが早かった。そのベースとなっているのは長年にわたって蓄積された知識である。若者や初心者ほど複雑なことをしたがる。

群集心理を読む

ルール12	投資（トレーディング）では群集心理を理解することは、ときに経済を知ることよりも大切である！

マーケットとはいわば市場参加者すべての賢明さと愚かさの総体を反映したものであり、彼らは集団として群集心理の影響から逃れることはできない。あのドットコム・バブルも最初の小集団の熱狂から最後には市場全体の大きな狂気に発展し、最終的には弾けてしまった。経済学者たちはこうしたマーケットの熱狂の勢いが理解できない。マ

ーケットとは本当に非合理的なものであり、長期的には経済的なファンダメンタルズを反映したところに落ち着くが、短期的には群集心理がマーケットを支配する。

これまでのルールをまとめた最後のルール

ルール13　そのときの風向きの方向に乗れ。それにけっして逆らうな！

これは単純なルールであるが、言うは易く行うは難しである。しかし、これは私が30年以上にわたって自ら体験したり、多くの人々の実際の経験から導き出した知恵の結晶である。含み損のある銘柄を損切りしながら含み益のある銘柄を伸ばしていくというこのルールは、投資（トレーディング）のみならず人生においても当てはまる。ある日ゴルフをプレーしていたところ、その日はどうもボールがわずかに右にそれるようであれば、スイングを無理に変えるよりは少し左寄りに打ってみる。これがそのときの調子に合わせたプレーであり、こうしたことは投資でもまったく同じである。すなわち、損切りしながら利益を維持する（いっそう攻撃的には損切りしながら増し玉する）のがよいと思ったら、そのような方向でのトレードを心掛ける。

自己勘定で相場を張るとき、われわれは常に「今日の風向きはどうかな」と互いに確認し合う。そうしたうえで風向きの方向にポジションを増やす一方、逆方向のポジションは減らしていく。どのくらいのポジションを建てるのかについて明確なルールはないが、追い風方向のポジションは増やし、向かい風方向のポジションは減らすことだけは確かである。そして買いで利益が出るようであれば買い増していく（その反対に、空売りで損失が出始めたら直ちにポジションを縮小する）。このようにわれわれのやり方はいたって単純である。

学者たちから見るとわれわれのこうしたやり方は欠陥だらけかもしれないが、そんなことはまったく気にしていない。長年にわたりそうやって利益を出してきたのであり、こうしたやり方を変えるつもりはさらさらない。こうしたトレードのやり方は30年以上にわたり投資の世界に身を置いて学んできた末に確立されたものであり、私は毎日このルールを忠実に守っている。ときにこのルールを破るときもあるが、その結果は実際の資金とメンタルな資金の損失であり、そんなときは改めてルールに忠実であるべきだと痛感する。そうした損失は自分自身のトレードミスの代価であり、素直に受け入れるしかない。そして「もう絶対にこんなことは繰り返さないぞ」と心に誓いながら、再びトレードに臨むのである。

第3章

長い経験から得られた希望の勝利――ファンドマネジャーの過去のリターンから将来のパフォーマンスを予測できるか

The Triumph of Hope over Long-Run Experience:Using Past Returns to Predict Future Performance of a Money Manager

バンテージ・コンサルティング・グループの会長であるマーク・フィンは、バージニア州退職基金やアラスカ州投資諮問委員会の元議長を務めるなど豊富な投資キャリアを持つ。現在は大手年金基金や富裕投資家のコンサルタントを務める一方、大手投資信託の資産運用にも関与している。バージニア州のウィリアム・アンド・メアリー大学院ビジネススクールの非常勤教授でもある。彼の会社の仕事は新進のファンドマネジャーを発掘し、彼らに資金を提供し育成することで、一流のリサーチスタッフを数多く抱えている。息子のジョナサン・フィンはバンテージ社のCIO（最高投資責任者）であり、彼はファンドマネジャーの過去の成績は将来のパフォーマンスを保証するものではないと主張する。この章の内容を皆さんの投資戦略に取り入れるのは少し難しいと思われるが、それでも重要な問題であることに変わりはない。私はファンドマネジャーの過去のパフォーマンスという一点だけを基準にして投資信託のファンドを選択・投資したが、結局は損失になったという投資家を数多く見てきた。その意味ではこの章は大いに参考になるだろう。マークは熱心なゴルファーで、息子のジョナサンはよきライバルである。彼らはバージニア州バージニアビーチに在住している。――ジョン・モールディン

長い経験から得られた希望の勝利――ファンドマネジャーの過去のリターンから将来のパフォーマンスを予測できるか

マーク・フィン&ジョナサン・フィン

「苦労や面倒が最も少ない道にはすでにわだちができている。そうした道を歩んできた人がそれまでの考えを変えるのは並大抵のことではない。これまで抱いてきた信念が間違いだったと認めることは自尊心が許さないからだ。そうした信念が体の芯まで染み込んでいるので、それと違うことに目を向けたり、耳を傾けることがもはやできないのである」――ジョン・デューイ（アメリカのプラグマティズム哲学者・教育家）

ファンドマネジャーに投資資金を託するとき、多くの投資家にとって最も簡単な方法は、それまでに素晴らしいトラックレコード（投資実績）を持つマネジャーを選ぶことである。SEC（証券取引委員会）に登録している投資アドバイザーの広告には、「ファンドマネジャーの過去の実績は将来のパフォーマンスを保証するものではありません」と明記しているが、それでもこうした投資法は跡を絶たない。こうした投資法は広く行われているが、われわれはファンドマネジャーの過去のパフォーマンスデータは投資の世界で最も誤解されているもののひとつであると強調する。

確かに過去のパフォーマンスはそのファンドマネジャーの腕、ほかのマネジャーとの実力やベンチマークとの実績を比較するうえで大きな参考とはなるが、それでも過去の成功（または失敗）は将来の成功（または失敗）を保証するものではなく、将来のパフォーマンスを予測する手掛かりとはならないのである。しかし、残念なことに現実には多くの投資家が過去のパフォーマンスを基準にファンドマネジャーに大切なお金を預けている。その結果が損失になっても、こうした間違いを繰り返す投資家が今でも跡を絶たない。過去のパフォーマンスには将来のパフォーマンスを予測するいくらかの手掛かりが含まれているかもしれないが、それでも投資とはそれほど単純なものではない。以下ではファンドマネジャーの過去のパフォーマンスデータを示しながらこの問題について少し考えてみよう。

投資の世界におけるノイズ

ファンドマネジャーの過去のパフォーマンスデータの問題は、エンジニアリング業界の信号対雑音比（SNR）に似ている。この指標は受信システムのノイズの程度を表すもので、これを投資に当てはめると、ファンドマネジャーの実力によるリターンと実力以外の要因（ノイズ）によるリターンにたとえられるだろう。もちろん、現実にはこの2つをはっきりと区別することはできず、リターンをもたらす要因は複雑に入り組んでいるが、それらを3つに大別すると次のようになる。

1. **システマティックリスク**　株式市場全体のリスク
2. **その他の共通リスク**　例えば、ある業界に共通して存在するリスク
3. **その他の特殊リスク**　個別銘柄に特有のリスク

これらのリスクは多岐にわたり、各リスクが異なる時期に異なる影響を及ぼしている。それぞれのリスクをどれほど詳細に分析しても、

それらの不確実性と多様性を予測することはできず、結果的には「投資家が将来について知ることのできることは、知らないことと比べるとほんの少しである」という現実である。この単純な事実はとても重要なので、何度繰り返しても足りることはない。もう一度繰り返すと、将来についてわれわれが知り得ることは、知らないことに比べると微々たるものである。しかし、現代の多くのファイナンス理論では、将来に起こる可能性のある出来事の不確実性はある程度予測できるという前提に立っており、ファイナンス理論がさらに進化すれば、そうした不確実性もいっそう正確に予測できるようになるかもしれない。現代のファイナンス理論によれば、ある投資家が知っている将来についての情報はほかの投資家も知ることができる。その程度がどれほどであるのかは、株価の動きを見ればすぐに分かる。ある出来事が予想どおりに起きても株価は何の反応も示さないが、投資家が予測しなかったような情報や出来事が発表されると、株価はその不確実性や多様性に見合った程度に変動する。

ノイズの問題にどう対処するか

投資におけるノイズはかなり以前から問題になっていたが、それでは投資家はこの問題に対してどのように対処してきたのだろうか。最初はその対処法が分からなかった。投資家はすべてのポートフォリオが分散投資されていれば、リスクの程度も一般的な株価指数（例えばS&P500など）とほぼ同じであるという前提に立って、そのファンドマネジャーとベンチマークとのパフォーマンスを比較した。しかし、実際には各ポートフォリオのリスクの程度はまちまちであり、それらのパフォーマンスをひとつのベンチマークと比較するにはかなりの無理があった。次に行われたのは、あるファンドマネジャーのパフォーマンスをほかの多くのマネジャーのパフォーマンスと比較することである。投資家が投資するポートフォリオのリスクはほぼ同じであろうと考えられた結果であるが、残念なことにこうした同じ仲間集団のパフォーマンスを比較することにも大きな問題があった。

1970年代に広く使われたリスク指標は「ベータ」である。これはベンチマークに対する感応度を表すもので、例えば異なる産業の50銘柄に分散投資したポートフォリオのリスクは、ひとつの銘柄で構成したポートフォリオのリスク度（約50％）をほぼ４％にまで低減できると考えられた。残りのリスクは市場全体のリスクであるシステマティックリスクである。しかし、このベータに基づくポートフォリオの大きな問題点は、すべてのポートフォリオは分散投資されているとの理由から、各ポートフォリオのパフォーマンス要因の違いを問題にしないことだった。その後の研究結果によれば、共通のパフォーマンス要因を持つとされた各ポートフォリオにわずかなバイアスが発生したとき、それが各ポートフォリオのリターンに大きな格差を引き起こすことが分かった。それらのパフォーマンス要因とはファンドマネジャーの投資スタイル、グロース投資とバリュー投資、大型株投資とハイテクの小型株や循環株投資などの違いである。こうしたことが分かれば、各ファンドマネジャーのパフォーマンスを評価するとき、どのベンチマークを基準とすべきなのかが問題となる。各マネジャーの投資スタンスや投資スタイルを正確に反映したベンチマークが分かれば、そのマネジャーの投資の腕もいっそう正確に評価できるだろう。リンゴ同士を比べれば、ノイズもかなり除去できる。

表3.1はある年のファンドマネジャーＡ氏のポートフォリオの月次リターン、S&P500とラッセル小型株指数のリターン、Ａ氏のS&P500に対するアクティブリターン（ベンチマークに対する超過リターン）、同指数に対するアクティブリターンを示したものである。それによれば、Ａ氏のS&P500とラッセル小型株指数に対する年率超過リターンはともに3.9％であるが、そのパフォーマンスはラッセル指数のリタ

表3.1

ファンドマネジャーとベンチマークの月次リターンの比較

	ファンドマネジャーA氏	S&P500	ラッセル小型株指数		S&P500に対するファンドマネジャーA氏の超過リターン	ラッセル小型株指数に対する超過リターン
1月	2.1	2.5	−0.1		−4.6	−2.0
2月	3.3	0.7	3.1		2.6	0.2
3月	2.5	0.7	2.1		1.8	0.4
4月	4.2	1.1	5.4		3.1	−1.2
5月	4.1	1.9	3.9		2.2	0.1
6月	−2.0	0.3	−4.1		−2.3	2.1
7月	−6.7	−3.2	−8.7		−3.4	2.1
8月	4.5	1.5	5.8		2.9	−1.4
9月	3.5	4.1	3.9		−0.6	−0.4
10月	1.1	2.0	−1.5		−0.9	2.7
11月	4.0	5.5	4.1		−1.5	−0.1
12月	3.0	−1.4	2.6		4.4	0.4
年率リターン	20.4	16.5	16.5	超過リターン	3.9	3.9
				標準偏差	10.0	5.0
				統計的有意性が5%である期間(年)	26.1	6.6

ーンに近似している。同指数に対するA氏のアクティブリターンの標準偏差がわずか5.0%であるのに対し、S&P500に対する同標準偏差が10.0%であることからもそのことがよく分かる。A氏が小型株投資を得意とするファンドマネジャーであることを考えると当然のことであろう。統計的有意性が5%である（つまり、その影響が単なる偶然によって生じる確率が20分の1である）期間はS&P500の26.1年に対して、ラッセル小型株指数ではわずか6.6年である。ファンドマネジャーの投資の腕を評価するとき、適切なベンチマークと比較しないととんでもない結果が出てしまう。

投資信託の運用成績を測る指標のひとつとして、インフォメーションレシオ（[ポートフォリオのリターン－ベンチマークのリターン]÷トラッキングエラーで表されるリスク調整後リターン）がある。これはリターンを得るためにどれくらいのリスクが取られたのかを表す指標で、この数値が大きいほど小さなリスクで高いリターンを得ていることを意味する。さらに広範に使用される投資評価指標がシャープレシオである。これは、（ポートフォリオのリターン－無リスク証券のリターン）÷ポートフォリオのリスクで表され、ひとつの銘柄のリターンではなく、多くの株式を組み入れたポートフォリオ全体のリスク調整後リターンを意味する。シャープレシオは、それぞれ異なる投資戦略で異なるリスクとリターンを取っている複数のファンドマネジャーの手腕の巧拙を比較するときに便利である。各ファンドマネジャーのリスク調整後リターンがマネジャー自身の投資の腕によるものか、それとも単なる幸運（ノイズ）の結果だったのかを評価するには長期にわたる実績を追跡調査しなければならず、わずか数年間のパフォーマンス分析では不十分である。

ファンドマネジャーのパフォーマンス調査

それではファンドマネジャーの過去の実績から将来のパフォーマンスを予測するのは可能なのか。多くの調査結果によれば、それは「ノー」である。入手したミューチュアルファンド（投資信託）のヒストリカルなパフォーマンスに関するさまざまな調査結果（最近のデータには年金基金などの実績値も含まれている）では、次のような点にスポットが当てられている。「グループとしてのファンドマネジャーのパフォーマンスは市場平均のそれを上回っているか」。この質問に対して皆さんは、多くのマネジャーのグループは市場平均のパフォーマンスを一定率ほど上回っているが、マーケットの変動（ノイズ）の影響でベンチマークのパフォーマンスに及ばなかったグループもあると予想するだろう。

次の質問は「ファンドマネジャーのグループは平均してベンチマークのパフォーマンスを上回っているか」というものだが、その答えは「ノー」である。実はこれらプロの投資家はグループとしても、すべての投資家のパフォーマンスを反映したベンチマークのリターンを超えていない。次の質問は「ベンチマークを上回るリターンを上げたファンドマネジャーの比率は予想よりも多かったか」というものだが、これについても多くの調査では「ノー」の結果が出た。だからといって、すべてのファンドマネジャーが優秀ではないということではないが、過去のパフォーマンスからどのマネジャーが将来も優秀な成績を上げるのかを予測することはできない。

こうしたファンドマネジャーのパフォーマンス調査には、「生存者バイアス（survivor bias）」と呼ばれる大きな欠点がある。これはこの種の調査では生き残っているファンドだけの統計を取るため、実際のリターンよりも良い数字が出ることである。閉鎖したり、ほかのファンドに吸収されたファンドのマネジャーのパフォーマンスデータは統計数字から除外されてしまう。成績不振のファンドの数字が含まれない分だけ、この種の調査のパフォーマンス数字には上方バイアスがかかっている。

以上のように各ファンドマネジャーのパフォーマンスを得意のベンチマークと比較しても（例えば、小型株ファンドマネジャーとラッセル小型株指数とのリターン比較など）、代表的なベンチマークとの比較結果とそれほど大差はないので、多くの調査ではS&P500やダウ工業株平均などの代表的な株価指数と各ファンドのリターンを比較している。多くのパフォーマンス調査のなかでもロナルド・カーンとアンドリュー・ラッドはかなり信頼できる調査結果を出しているが、そこでもファンドマネジャーの過去と将来のパフォーマンスの間には大きな相関関係は認められないと結論づけている。

投資基準として過去のパフォーマンスが当てにならない理由

過去のパフォーマンスは、そのファンドマネジャーがその期間中にどのような資金運用をしてきたのかを判断する大きな手掛かりとなる。これは「パフォーマンスの要因分析」と呼ばれ、そのリターンが投資された業種、ベータやシステマティックリスクの程度、企業の規模、個別銘柄などのうち、どの要因からもたらされたのかを分析するものである。しかし、こうした過去のパフォーマンス要因をいくら詳しく分析しても、将来にもそれと同じ要因からリターンがもたらされると考えることはできない。過去のパフォーマンスを投資決定基準とはできないノイズについてはすでに検討したが、それ以外のいくつかの理由に言及しなければ均衡を欠くことになるだろう。

そのひとつは、例えば投資信託のポートフォリオ全体と個別のファンドマネジャーのパフォーマンスの問題があり、その投信の資産運用チームに頻繁な人事異動があれば、過去のパフォーマンスデータの有効性はかなり低下するだろう。次にファンドマネジャーの過去のパフォーマンスを分析するとき、もうひとつの微妙で重大な問題点は各マネジャーの投資手腕に同じウエートがかけられていることである。投資家募集の広告には平均的なファンドマネジャーのパフォーマンスが掲載されているが、それは一般投資家の投資決定基準とは一致していない。例えば、最大手のミューチュアルファンドなどは平均的なファンドマネジャーの何百倍もの資産を運用しており、そのパフォーマンスは多くの投資家に大きな影響を及ぼしている。投資家の資産がすべてのファンドマネジャーに均等に預託されているわけではないので、そうした大手投信のパフォーマンスから投資家全体の資産運用の結果を引き出すことはできない。

このほか、ファンドマネジャーのパフォーマンス比較についてはタイムスパンの問題もある。これまでは上昇・下降トレンドが含まれる５年間というスパンが一般的だったが、たとえそのトラックレコードの期間に上昇と下降相場が含まれていたとしても、リターンをもたらした要因が各５年間でまったく同じということはあり得ない。あるファンドマネジャーがある経済環境のときに適切な判断を下して高いリターンを上げたとしても、別の環境下でも同じような成績を出せるわけではない。グロース株のファンドマネジャーのパフォーマンスが、ハイテク株バブルの前後では大きく異なっていることを見てもそれは明らかである。

過去のパフォーマンスについて少し皮肉っぽい見方をすると、次のような問題もある。それは投信の規模がまだ小さいうちは、ファンドマネジャーが大きく儲けようとして大きな賭けに出ることも可能であるが、運用資産が拡大して投信の規模が大きくなると、ファンドマネジャーも損失を恐れて次第に保守的な投資スタンスになることである。したがって５億ドルと50億ドルの資産を運用する２人のファンドマネジャーの手腕を単純に比較することはできない。一方、この業界も競争社会なので、あるファンドマネジャーが有効な投資テクニック（アーニングサプライズ＝予期しない情報に対する株価の反応、インサイダー取引を利用した手法など）を使って高いパフォーマンスを上げれば、模倣者が続出してそのメリットも失われるという問題もある。こうした問題がなければ、ファンドマネジャーのパフォーマンス比較もかなりおもしろい研究分野である。

一般投資家が標準以下の成績しか上げないファンドマネジャーに資産運用を任せることはないだろう。その意味で各ファンドマネジャーの過去のパフォーマンスは、一般投資家の優先的な投資決定基準であることに変わりはない。しかし、過去５年間に優秀な成績を上げた上

図3.1

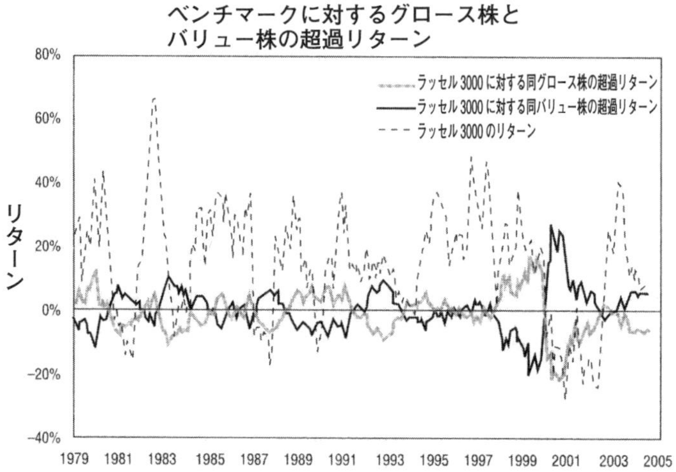

1996/6〜1999/12の平均リターン	2000/1〜2003/6の平均リターン
ラッセル3000＝24.62%	ラッセル3000＝−7.43%
同グロース株＝27.16%	同グロース株＝−12.27%
同バリュー株＝21.95%	同バリュー株＝−2.64%
バリュー株に対するグロース株の超過リターン＝+5.21%	バリュー株に対するグロース株の超過リターン＝−9.62%

位4分位のファンドマネジャーについて調べると、単に共通のパフォーマンス要因にうまく乗っただけでそのランクに入ったというマネジャーもかなりいた。そのパフォーマンス要因の好結果を予想し、意図的に資金を配分して高いリターンを上げたのであればその功が認められるのは当然であるが、いつでもそんなことが起こるはずはない。各ファンドマネジャーにはそれぞれ好きな投資スタイルがあり、パフォーマンスの違いの90%はそれを反映している。もしもそのファンドマネジャーがバリュー株が得意な運用者であれば、バリュー株が人気化した時期にはそれ以外のマネジャーよりも好成績を上げられるだろう。

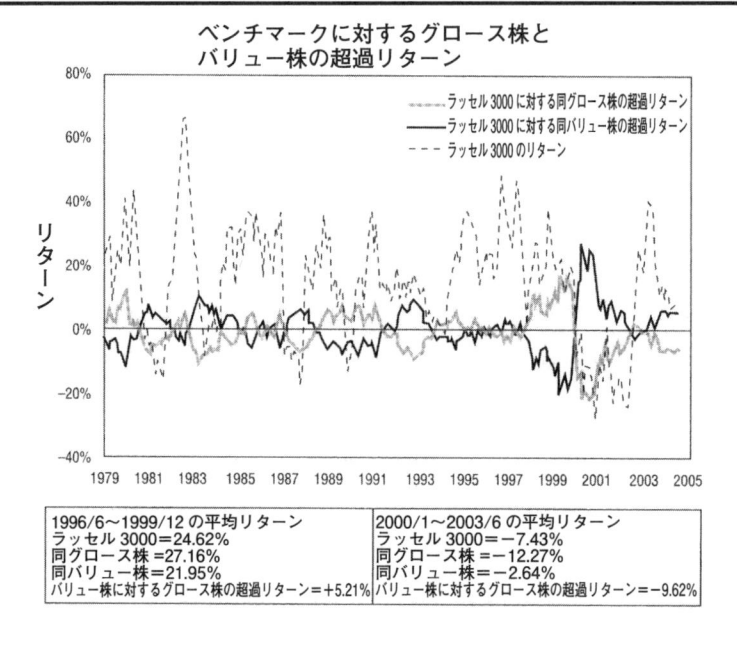

図3.1はベンチマーク（ラッセル3000）と比較したバリュー株とグロース株のリターン差を表したもので、黒線は連続した各12カ月のバリュー株の相対超過リターンである（灰色線はベンチマークと比較したグロース株の超過リターン）。これを見るとバリュー株やグロース株の有利な時期が交互に到来しているのが分かる。グロース株が好調なときは、グロース株の得意なファンドマネジャーが好成績を上げるのは明らかである。このようにファンドマネジャーのパフォーマンスにはバリュー株やグロース株のほか、小型株や大型株といった各マネジャーが得意とする投資スタイルに大きく左右される。その結果、過去５年間に好成績を上げたという理由で1999年後半にグロース株のファンドマネジャーに資金を託した投資家は、その後のグロース株とバリュー株の人気逆転で大きく泣くことになった。

過去のパフォーマンスを投資決定基準にすることで、投資家は無意識のうちに自分のポートフォリオにバイアスをかけている。例えば、ある投資信託が過去に高いパフォーマンスを上げたファンドマネジャーだけで構成するファンドを組成したことがあったが、これもそのポートフォリオに大きなバイアスをかけている好例である。このファンドにはそれまでに優秀な成績を上げたグロース株とバリュー株、および小型株と大型株のファンドマネジャーたちが運用に当たった。それまでの３年間にはモメンタム投資（株価の勢いに乗って利益を追求する手法）がとりわけ有効だったが、タイムスパンを30年に拡大して調べると、この投資法は平均以下のリターンしか上げなかった。この投信ではそうした高い回転売買手法がこれからも有効であると考えたのであろうが、それはこれらのマネジャーの多くがこうした手法を得意としていたことからも明らかである。このように過去のパフォーマンスを重視しすぎると、知らず知らずのうちにパフォーマンスには大きなバイアスがかかることになる。

なぜ投資家はファンドマネジャーの過去のパフォーマンスに頼るのか

さまざまな調査結果によれば、長期にわたりベストのパフォーマンスを上げてきた優秀なファンドマネジャーでさえも、全期間の40％ではベンチマークを下回る結果に終わり、そうしたアンダーパフォームの期間が３～４年に及ぶことも珍しくないという。それなのになぜ投資家は投資決定の基準として、ファンドマネジャーの過去のパフォーマンスにこだわり続けるのだろうか。その大きな原因はマーケットの不確実性に対する認識不足にあり、どのような投資にもこうした不確実性は内在する。われわれはある出来事が起きるとその原因を知りたいと思うが、そのすべてのシナリオに関する情報を収集しようと努力することはあまりない。一般にわれわれは不確実性に対しては不安を感じる。日常生活における不確実性とはそれをどの程度コントロールできるか、さらにそれについてどれほど知っているかに反比例する。ある出来事に影響を及ぼすさまざまな要因、原因や因果関係などについて知らないほど不確実性は大きくなる。

こうした不確実性に対する不安に加え、後知恵のバイアス、自己欺瞞なども不確実性に対する判断を歪めてしまう。後知恵のバイアスとはある出来事に関する知識があっても、その正しい判断を妨げるような経験上の偏見である。例えば、過去の出来事を振り返るとき、そのときに直面したすべての不確実さを思い出すことはできず、実際に起こったことを再構成するだけである。すなわち、現実に起きたことはそのときの実際の状況よりも必然的に思えてくる。これと同じように、あるファンドマネジャーの過去のパフォーマンスが分かれば、その期間のあらゆる事実を無意識的に取捨選択して、そのマネジャーのすべての行動をパフォーマンスと結び付けて考えてしまう。その結果、過去のパフォーマンスは実際よりも将来の成績を反映するかのような印象を受けるのである。

こうしたプロセスには主に２つの要因が作用している。そのひとつは、特にわれわれ西洋人がアイザック・ニュートンの世界の教育を受けてきたことがある。この世界では因果関係がはっきりしており、すべての出来事にははっきりした原因があると考える世界である。すなわち、われわれはある出来事が起きると、自然にその原因を考えてしまいがちである。二番目の要因は人間の能力には限界があるので、将来を予想するときにどうしても過去に目を向けてしまうことである。それは日常生活を単純化するためのひとつの近道である。古い諺にもあるように、「それがアヒルのように見え、アヒルのように鳴けば、それはアヒルにちがいない」ということである。したがって、下手なファンドマネジャーでも一時的な幸運で優秀なマネジャーのように見えたり、そのように聞こえると本当にそのように思えてくる。

一方、行動ファイナンスに関するいくつかの調査結果によれば、判断の正確さは決定を下すために使用される情報量が増えても直線的に向上することはない。しかし、われわれは情報が多いほど正確な結論に到達できると考えてしまう。それはある問題に関する情報が多いほど、それを適切に解決できるだろうという自信がつくからである。しかし、新しい情報が提供されるたびに決断を下すように言われた被験者に関するいくつかの実験結果によれば、情報量が多くなるに従って自信は増していったが、判断の正確さは向上しなかった。これは何を意味するのだろうか。それはわれわれが投資決定のベースとなる情報を探しているとき、最も簡単に入手できるデータ（過去のパフォーマンス）に頼ってしまうということである。確かに過去のパフォーマンスデータは投資決定の手軽な情報ではあるが、それらをいくら詳しく分析してもそれで正しい投資決定ができるわけではない。ファンドマネジャーの真の投資手腕について詳しく調べる努力をしないで、本当の実力はないが、たまたまラッキーで好成績を上げたファンドマネジャーに大切な資金を任せてしまうのである。

過去のパフォーマンスデータをどのように利用すべきか

将来を予想するときどのように情報を利用すべきかについては、参考となるいくつかの有効な確率論がある。そのひとつは「ベイズの統計」と呼ばれるもので、これに基づいてファンドマネジャーの投資手腕（将来のパフォーマンス）を評価するときは、次の３つの調査結果が参考になるだろう。最初は特にアクティブ運用のファンドマネジャーの手腕の評価に関するものである。もしも効率的市場を信じる投資家が多くなれば、平均的なアルファ値（ベンチマークに対する超過リターンの源泉のうち、その銘柄固有の特性に基づく部分。「非システマティックリターン」とも呼ばれる）は売買手数料などの分だけマイナスになると考えられる。いくつかのファンドマネジャーのグループに関する非公式調査によれば、彼らは平均的なマネジャーのアルファ値はゼロ、全マネジャーの３分の２のアルファ値は－２～＋２％であると考えている。

二番目の参考点は、ファンドマネジャーの投資プロセスや投資哲学など、その人間を深く理解したうえでそのアルファ値を評価することである。換言すれば、この種の情報とは過去のパフォーマンスを含まない新しい情報である。こうした情報を詳細に分析すれば、平均的または下手なファンドマネジャーを優れた手腕を持つマネジャーと見誤ることも少なくなるだろう。いくつかの調査結果によれば、ファンドマネジャーたちは自らの予測の標準偏差をわずか1.5％であると考えている。このことはこれらプロの投資家は自分の投資手腕にかなりの自信を持っていることを示しており、過去のパフォーマンスと切り離したファンドマネジャーの投資手腕を評価するひとつの手掛かりになるだろう。

そして最後はやはりファンドマネジャーのヒストリカルなパフォーマンスに関するものである。例えば、あるマネジャーのアルファ値がベンチマークを３％上回り、過去５年間の標準偏差が６％だったとしよう。こうした情報をどのように投資決定に反映すべきなのか。問題はこうした過去のパフォーマンスデータにどの程度のウエートを置くべきかということになるが、そのときもベイズの統計がひとつのヒントを与えてくれる。それによれば、ファンドマネジャーの投資手腕に対する信頼感のウエートを35%、過去のパフォーマンスを除く情報のウエートを61%、過去のパフォーマンスのウエートを４％として判断するのが適切であるという。

こうした調査結果によっても、一般投資家がファンドマネジャーの将来のパフォーマンスを予測するとき、依然として過去のパフォーマンスを重視するこれまでの傾向を変えることはないだろう。しかし、われわれはファンドマネジャーの将来のパフォーマンスを予想する最も重要な情報には、過去のパフォーマンスデータを含めてはならないとここでもう一度強調したい。とはいっても、現実にはそうした情報を正しく評価するのは極めて複雑かつ困難であり、ファンドマネジャーの投資手腕の分析には膨大なデータと時間がかかるという事実だけを付記する。それでもファンドマネジャーの過去の成績が将来のパフォーマンスを予測する有効なデータになる数少ないケースもあるが、そのためには次のような条件を満たさなければならない。

1. 比較するベンチマークはそのファンドマネジャーの投資スタイルや好みを正しく反映したものである。
2. 過去のトラックレコードにはさまざまな相場環境下での運用結果が含まれている。
3. 過去の優れたパフォーマンスではポートフォリオが十分に分散

投資されていた、またはファンドマネジャーがそのような投資決定を下した理由が明らかにされている。

4．現在の相場環境は以前の優れたパフォーマンスを上げた時期とそれほど大きな変化がなく、標準的に分散投資されたポートフォリオよりも高いリターンを上げていた。

しかし、こうした条件を満たすような環境や条件は極めてまれであり、やはり過去のパフォーマンスをもって将来の成績を予測するのは困難である。残念なことにほとんどの投資家（かなり熟練した投資家でも）は、依然としてファンドマネジャーの過去のパフォーマンスを主要な投資決定基準としているが、それでもわれわれは過去の成績によって将来のパフォーマンスを予測できないことを再三にわたり強調しておく。以上のまとめとして、われわれは投資決定に際して次の点に留意するようアドバイスする。

- インフォメーションレシオ（リスク調整後リターン）の評価に伴うあらゆるリスクに厳しい目を向ける。
- ファンドマネジャーの資金運用プロセスに関するすべての情報をチェックする。
- 将来のパフォーマンス予測には過去のパフォーマンスデータを含めず、それとは無関係の情報を詳しく分析する。
- ベイズの統計のアプローチを参考にする。
- あまり希望を入れず、常識とこれまでの経験をもとに投資決定を下す。

最後に付け加えるならば、大切な資金の運用を任せる人にはパフォーマンスのボラティリティ（変動）が少ないファンドマネジャーから選べと言いたい。過去の運用成績にあまりばらつきのないファンドマネジャーであれば、その投資スタイルに対するノイズの影響も小さいと思われるので、安定したリターンが期待できるだろう。このことは自分のポートフォリオからもノイズの影響を小さくすることを意味する。しかし、忘れてならないのはそれでも過去のパフォーマンスはやはり希望でしかないということである。われわれはそのファンドマネジャーが将来に大きなリターンをもたらしてくれることを望んでいるが、それでも昔の賢人が言ったように、「希望は親しい友人であるが、正しい道案内人ではない」のである。

第4章
ザ・ロング・ボンド
The Long Bond

ゲーリー・シリングはコラムニストとして20年以上もフォーブス誌に執筆し、その予想の正確さには定評がある。1969年春にその年の後半に景気後退が始まると正確に予想したのをはじめ、1973年には1930年代以来の世界的な景気後退による大規模な在庫過剰が起こることを予想した数少ないエコノミストのひとりだった。また1970年代後半には多くの人が激しいインフレはその後も続くと予想していたが、そのなかで彼は悪性インフレが沈静化するとともに、深刻な金融・財政問題も次第に解決し、投資家の目はそれまでの実物資産から金融資産のほうに向かうだろうと最初に予測した。それ以降の彼はディスインフレ論者の異名をとった。ウォール・ストリート・ジャーナル紙は債券利回りを予測するエコノミストのなかで、シリングがベストのトラックレコードを上げていると評した。彼のそうした正確な予想の記録はその後も更新されており、1998年には多くの専門家の予想に反して『デフレーション（Deflation）』を刊行した。そのなかで彼はアメリカは引き続きディスインフレ経済に向かっており、インフレ率は最終的に１～２％に落ち着くだろうと予想したが、その予測はその後の事実によって裏付けられた。この章では投資の正しい考え方として、少数派にくみすることの大切さが述べられている。――ジョン・モールディン

ザ・ロング・ボンド

ゲーリー・シリング

「長期投資をベースとした少数派の正しい考え方を忠実に守ること」――38年間に及ぶ経済コンサルティングと実際の投資活動から得られた私の最も貴重な教訓である。

投資とは利益を上げること

投資の話とは、それが実際に利益を上げるものでなければ意味がない。こんなことはよく考えれば当たり前のことであるが、多くのエコノミストにとってはどうもそうではないようだ。直近四半期のGDP（国内総生産）が発表された数年前のある日、ある大手投資信託・投資諮問会社のチーフエコノミストが私のオフィスを訪ねてきて、自分の予想が0.2％外れたとがっかりしていた。彼はGDPの構成要素などを詳しく分析しても、その原因が分からないと語った。しかし、彼はそのGDPの数値が株式や債券、その他の投資商品にどのような意味を持つのかについてはまったく関心がなかったようだ。そこで私はそのGDPの数値はマーケットにどのような影響を及ぼすのでしょうかと尋ねたところ、彼は困惑した様子を見せた。

このように経済予想の正確さだけにこだわっているのは何もこのエコノミストだけではない。ウォール・ストリート・ジャーナル紙が半年ごとに実施しているエコノミストの予想調査によれば、彼らの半年先のインフレ予測はかなり正確であるという。それはそれで結構だが、そうした正しい予想インフレ率が金利に及ぼす影響となると、これらエコノミストたちの予測はかなり的外れである。半年ごとに実施される30年長期国債利回りに関するエコノミストたちの予想結果と逆のことをすれば、おそらく２ケタのリターンを上げられるだろう。

少数派の長期投資家であれ

少数派がなぜ大切かといえば、それはあらゆる情報が直ちにマーケットに織り込まれ、それが多数派の意見となるからである。もしも多くの専門家が来四半期の企業収益は10％増になると予想し、それが現実になっても株価はまったく反応しないだろう。しかし、20％の増益予想が現実のものになったら、株価は大きく上昇するに違いない。一方、投資の原則もそれが多くの投資家に長期にわたって成功をもたらすものでなければ意味がない。腕のいいデイトレーダーは株価の短期の動きからも利益を上げるだろうが、それ以外の多くの投資家はマーケットのランダムな動きに乗ることはできず、多くの情報も一般投資家が行動を起こす前に陳腐化するだろう。例えば、ある月の非農業部門雇用者数が予想外に減少する見込みだと伝えられると長期国債価格は急上昇するだろうが、その後に失業保険新規受給申請件数は連続してコンセンサス予想を大きく下回ったと伝えられれば、上昇の勢いは直ちに鈍化するだろう。

1970年代後半の状況

私は1970年代後半に、それ以降ずっとその有効性が立証された少数派の長期投資の原則を確立した。その当時は大幅なインフレ高進が続

図4.1

消費者物価指数の推移(年率%)

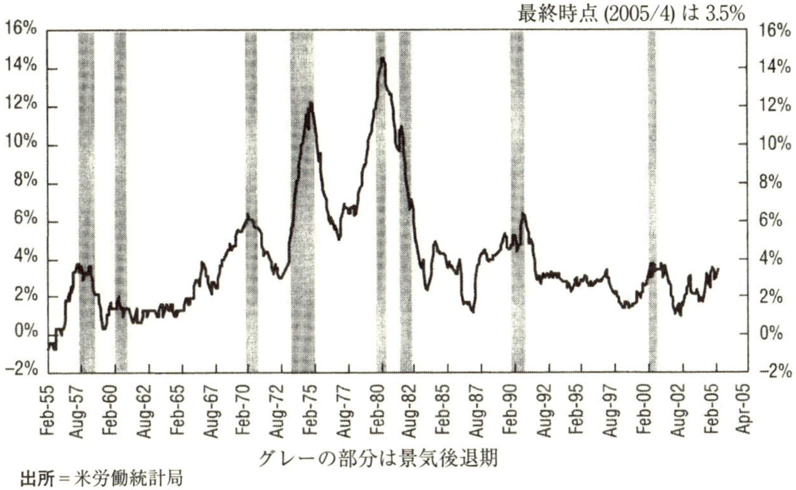

出所＝米労働統計局

き、多くの専門家はそうした状況はそれ以降もずっと続くと予想していた（**図4.1**を参照）。理論は事実によって作られると言われるように、そうした悪性インフレを説明するためにさまざまな理論が発表された。原油やその他の商品価格の高騰や賃金引き上げなど、あらゆる説明が多くの人々にとってもっともらしく語られた。そのなかで特に説得力のある説明としては、広く選挙権が普及している民主主義国家では、低所得有権者が富裕層の利益を犠牲にしても自分たちに有利な政策を政府に要求するため、これが紙幣の増刷とインフレを促進する。その唯一の解決策は金本位制の復活であり、金をベースとした通貨政策を実施すれば、信用の過剰創出は抑制され、インフレも沈静化するというものである。こうした主張が財界人や学者たちの間でまじめに叫ばれたものである。これに対して私は、インフレの原因は単に供給以上の需要を生み出した過剰支出であり、そうした慢性的で過剰な支

図 4.2

GDP に対する連邦支出の比率 (年率 %)

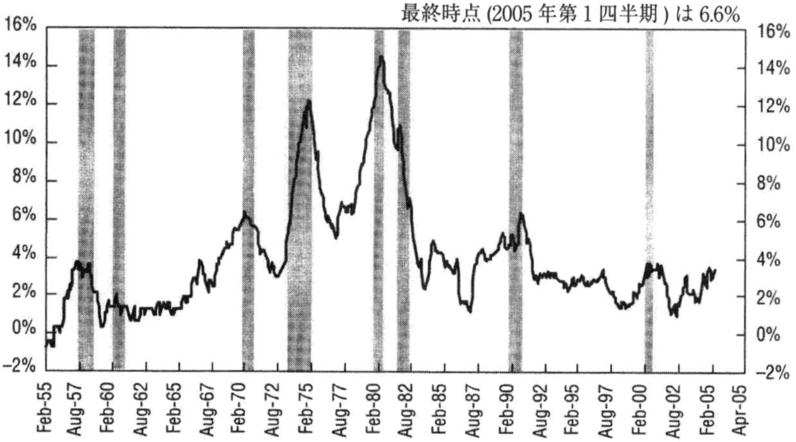

出所＝米経済分析局

出を続けた政府の財政政策こそインフレの元凶であると反論した（一般に過剰支出政策は冷戦時の緊縮財政下などに限って有効となる）。

金融と財政政策

多くの識者が言うように、インフレはいつでもどこにも存在する通貨の現象である。過剰信用がインフレにつながる過剰需要を引き起こすひとつの原因ではあるが、通貨政策がインフレの主因というわけではない。1941〜1945年のFRB（連邦準備制度理事会）には戦時下の物価・賃金統制が解除されると、マネーサプライが急増して激しいインフレが起こるという考えが支配的だった。インフレの基本的な原因は政府の過剰支出であり、その当時の連邦政府は軍事費と財政支出の膨張を相殺するために増税は実施しなかった（**図4.2**を参照）。財政

図4.3

マネーサプライM2(現金通貨＋要求払預金＋定期性預金)の伸び率(年率%)

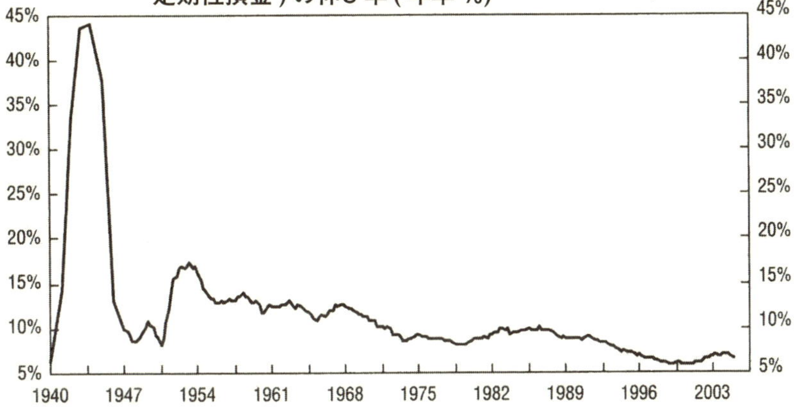

出所＝米長期統計総覧

収支のギャップを穴埋めしたのが戦時国債の発行とマネーサプライの急増だった（**図4.3**を参照）。これを見てもインフレの元凶は明らかに政府の過剰支出であり、通貨政策は単にそれを後押ししたにすぎない。

政府に対する不信感

1970年代後半にはベトナム戦争、（ジョンソン大統領が1965年に提唱した）偉大な社会プログラムの失敗、ウォーターゲート事件などによって、政府に対する国民の不満と不信感が爆発した。これはそれまでの政府に対する国民の全幅の信頼感、1933年のニューディールを皮切りとする民主党の長期のリベラルな政策に対する有権者の支持が大きく崩れたことを意味する。1960年代までアメリカ国民の多くは、財

図 4.4

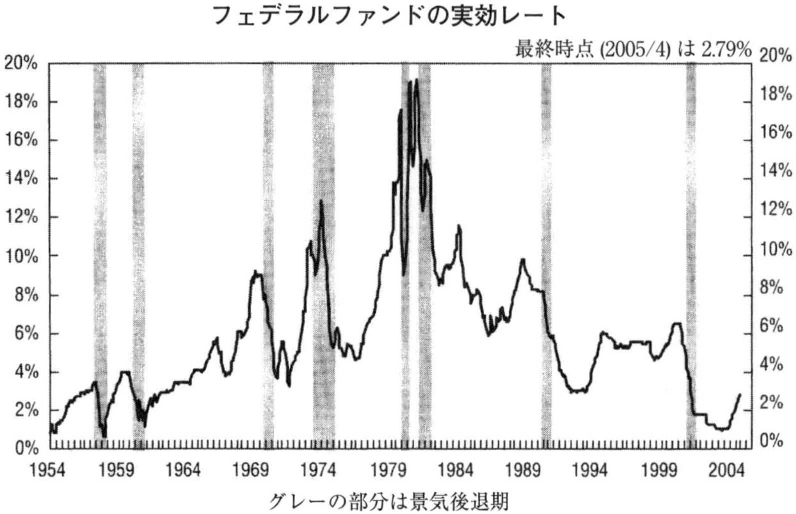

出所＝連邦準備銀行

政・通貨政策の適切な運営で短期の景気不振はもとより、長期のリセッションも回避できると主張していた政府のエコノミストたちを大きく信頼していた。また財政支出を少しだけ増やせば、アメリカのあらゆる社会的悪は除去できるとする政府の主張にも説得力があったし、当時のジョンソン大統領はベトナムでの地上戦を拡大しながら、国内の連邦支出も大盤振る舞いをするという「銃とバター政策」を推進していた。

私の大胆な予想

冷戦体制の雪解けが始まるかなり以前の1970年代後半に、私は国民が連邦支出の削減を要求するため、アメリカは長期のディスインフレ（インフレ率が低位安定する）時代に突入するだろうと予想した。私

図4.5

20年債利回りと消費者物価指数(CPI)の推移

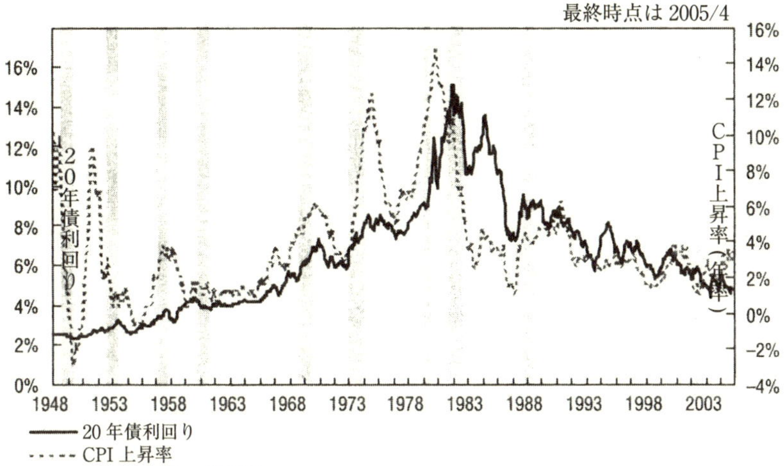

グレーの部分は景気後退期

出所＝連邦準備銀行／労働統計局

のこの予想はFRBの政策によっても裏付けられ、FRBは遅ればせながら1979年についに金利を大幅に引き上げた（**図4.4**を参照）。インフレ率と長期国債の利回りは緊密に連動しているので、インフレ率が長期にわたって低下するということは長期金利もそれに追随することを意味する（**図4.5**を参照）。1981年に長期債の利回りが14.7％のピークを付けたとき、これから長期にわたって債券価格の上昇が続くと確信した（長期債利回りは最終的に４～５％まで落ち込んだ）。このときが債券に対する長期投資の絶好のチャンスだった。

しかし、その当時はだれも私のこの予想にまともに耳を傾けてはくれなかった。これからインフレ率が鈍化し、1980年代前半には長期債利回りも同じように低下していくという予想を信じる人はほとんどいなかった。そのことは1982年に執筆し、翌年春にマグローヒルから出版された私の最初の著書『インフレは終息するか。それに対するあなたの準備はできているか（Is Inflation Ending ? Are You Ready ?)』があまり売れなかったことを見てもよく分かる。そのなかで私は最初の質問「国民の政治不信の高まりからインフレは終息していくか」に対して「イエス」、二番目の質問「それに対する投資家の準備はできているか」については「ノー」と書いた。当時の投資家のポートフォリオはインフレ防衛策を反映して、金、美術品、骨董品やその他の実物資産でいっぱいになっていた。インフレが終息すれば大きく値上がりするであろう株式や債券はほとんど入っていなかった。

私のこの予想は明らかに少数派の見方であるが、ほとんどの人々は15年に及ぶインフレと債券利回りの上昇といった固定観念から抜け出すことができなかった。そして1986年になると私のこの予想の正しさが立証され始めた。そのころになると、ボストン・グローブ紙やシアトル・ポスト・インテリジェンサー紙などが私の著書を取り上げて称賛してくれた。そのこと自体はうれしくもあったが、私の著書はすでに絶版になっていた。

直線的ではない金利の低下

1981年11月から始まった長期債利回りの低下は直線的に進んだわけではなく、大きく戻すこともあった（**図4.5**を参照）。インフレと債券利回りの長期低下に対する私の確信は揺らぐことはなかったが、つらいときもあった。自分自身に言い聞かせ、また聞く耳を持つ人には納得のいくように説明したが、マーケットはわれわれが考えている以上にはるかに長期にわたり非合理的に推移する。あとから振り返ると、1981年に長期債を購入し、それ以降の24年間は新聞も証券もない離れ小島で長期休暇を取ることがベストであると分かるが、現実はとてもそんなに生やさしいものではない。こうした長期のバイ・アンド・ホールド戦略は実行するのが難しく、長期の大相場が終わってはじめて有効だったと分かるものである。例えば、1982年８月に始まり、1990年代末までに株価が何倍にもなったつい最近の株式の大強気相場もそうである。

通常の相場では、そのときのマーケットの環境に合わせてポジションを調整していかなければならない。これはマーケットタイミングとも呼ばれ、マーケットで生き残っていくための必要条件である。そうしないと希望的観測でポートフォリオを維持していたものの、一時的な急落で持ち株を手放すと次の反騰局面では相場に乗ることができなくなる。こうしたことを避けるには勇気を持ってポートフォリオを維持することであるが、私に限って言えば、初めて自分のお金を投資した債券利回りのピーク期以降がまさにそうした時期だった。

私の投資

1980年代前半に私は30年国債のレバレッジ投資を真剣に検討し、友人のエドワード・ムーが経営する小さな債券運用会社を通じてレポ（現先取引）市場でレバレッジ取引を始めた。彼は私の口座を使って債券を購入したが、実際には短期市場からすべての投資資金を調達した。私は一切資金を提供しなかったが、日々発生する損失の金額はカバーしなければならなかった。当初は損失（それも大きな損失）続きで私は気落ちし、一流の経済予想家である自分がこんな絶好のチャンスのときに大きな損失を出しては面目が丸つぶれだ、私は自分が思っているほど優秀なエコノミストではないのかもしれない……などと考えながら、車を乗り回していたことを思い出す。

しかし、それから数週間ほどたつと落ち着きを取り戻し、ポジションにも大きく利が乗ってきた。1980年半ばまでは長期債に対する攻撃的な投資を繰り返していたが、それ以降になると直近に発行された30年国債の繰上償還が始まった。ついに財務省は2001年に、大幅な財政黒字が見込まれることを理由に30年債の発行をストップした。しかし、それ以降に連邦財政が再び慢性的な赤字に陥ったことから、2006年から半年ごとに30年債の発行を再開すると発表し、安全な長期運用先を探していた企業年金基金などを安心させた。それは長期債が大好きな私にとっても朗報だった。

進水しなかったザ・ロング・ボンド号

私は長期国債が大好きで、モーターボートにもその名前を付けるつもりだった。わが家には（ニューヨーク州ロングアイランド沖の）ファイアアイランドのビーチハウスにモーターボートはなかったが、それによる航行は大きな気晴らしであり、４人の子供たちにもそのおもしろさを分からせたかった。1980年代半ばまでに子供たちはモーターボートを乗りこなせるようになったが、私はファイアアイランド行きのフェリーに頼っていた。しかし、それはしょっちゅう遅れていたので、自家用モーターボートを持つことはますます必要になっていった。

その当時、私はチャールズ・レイトン氏（ハーバード・ビジネススクールの元教授）がCEO（最高経営責任者）を務めるボストンのCMLグループのコンサルタントをしていたが、同社はホエールボート（両端がとがった細長いボート）などいくつかの高級ボートを製造していた。私は彼にコンサルティング料の一部をボートの購入代金に充ててもよいかと尋ねたところ、快く承諾してくれたので、半日暇な時間があるときにボストン南東ヒンガムにある同社のボート製造工場を訪れたいと言った。当日に彼とホエールボート工場長であるジョー・ローラー氏が私をそこに案内してくれた。船体のガラス繊維にスプレーをかけたり、船内に救命袋を取り付けるのを見学するのはおもしろかった。ショールームに私を案内してくれたローラー氏が「どのようなボートをお望みですか」と尋ねたので、私はボートでグレートサウスベイ（ニューヨーク近郊内湾の釣り場）に行って釣りをしたい、また子供たちにも水上スキーをさせたいので多目的用のボートがほしいと答えた。

これに対して工場長は「沖合で釣りがしたいのであれば、大きなボートが必要ですね」と言って、最も大きなモデルのほうに私を案内した。「悪天候に遭って沖合50キロのところでエンジンがストップしては困るので、万が一のためにエンジンは2つあったほうがいいでしょう」と言った。さらに「悪天候のときに避難するコンソール（小さいキャビネット）と風防ガラス、はめ込みの水槽、特別製の頑丈な手すり、大きな収納庫なども必要ですね」と言うので、私も「そうしてください」と同意した。ボストン空港まで戻る途中、私は「ザ・ロング・ボンド号」と名付ける予定のこのホエールボートの費用について考えた。数日後に工場長からぎりぎりの値段で提供いたしますという連絡があったので、さっそくそのコストについて電卓で計算してみた。ボートの減価償却費に始まって係留費、維持費、ドック入り費用、冬の保管費、燃料費、保険料、免許代、税金などを計算したあと、はたして釣り、水上スキー、クルージング、フェリーの代替利用など月に何回ぐらい使うのかと見積もってみた。

その結果はショッキングなものだった。フェリー代の５ドルに対して、ザ・ロング・ボンド号を使うと１回のコストが500ドルに達することが分かった。とても自家用ボートを持つどころの話ではなかった。J・P・モルガンがかつて、「コストのことなどを気にしていたらとてもヨットなんかは持てない」と言ったことを思い出した。ボートに穴があけばそこから浸水して沈没するという舟の恐さはそれほど気にしなかったが、フェリー代の何百倍もの経費についてはとても正当化することができなかった。結局、このザ・ロング・ボンド号は進水しなかった。

私の投資スタンス

私の個人的な投資と人のお金を預かった投資をともに成功させ、そして長年にわたる経済コンサルティング活動も有効に続けられたのは、苦しいときや他人の不信のまなざしなどにじっと耐えてきた忍耐力のおかげである。私のやり方は基本的に逆張り投資であり、人と違うことをやるのは特に妻にとってはいやなのかもしれないが、私自身はまったく気にしていないし、むしろ楽しいとさえ思う。例えば、カクテルパーティーの席でだれかが「今日の黄色い月はきれいですね」と言えば、私は直感的に「緑には見えませんか」と答えてしまう。

私のこうした気質は何十年にもわたる厳しい経験、物事を大局的に見る習慣、マスコミのその場かぎりの報道などは信用しない態度——などによって確立されたようだ。マスコミの報道などを見てその出来事の重要性を評価してはならない。テレビ局はこれから60分間に何も報道するニュースがないときでも放映をストップすることはないし、一面トップで報道するニュースがないときでも、経済新聞がその欄を白紙で発行することはない。1987年のブラックマンデー以降に米経済と株式はともに大きな打撃を受けると盛んに言われたが、私は毎日何時間もかけてウォール・ストリート・ジャーナル紙やその他の経済刊行物の関連記事を丹念に読み、膨大なスクラップをファイルした。そして『株式クラッシュのあとに景気後退や大恐慌が来るのか（After The Crash - Recession or Depression ？）』を執筆した。

結局は景気後退も大恐慌も到来せず、一時的に足踏みしたアメリカ経済は再び成長に転じ、株式も数カ月後にはそれまでの上昇トレンドを取り戻した。今から思うと1987年の株式クラッシュはそれまでの投機的な急騰局面の単なる調整にすぎず、長い上昇トレンドの一時的な押し目だったようだ（**図4.6**を参照）。私は自らの経験から多くのことを学んだ。だから2001年に9・11同時多発テロ事件が起きたときも、

図 4.6

S&P500 の推移 (対数目盛り)

最終時点 (2005/4) は 1156

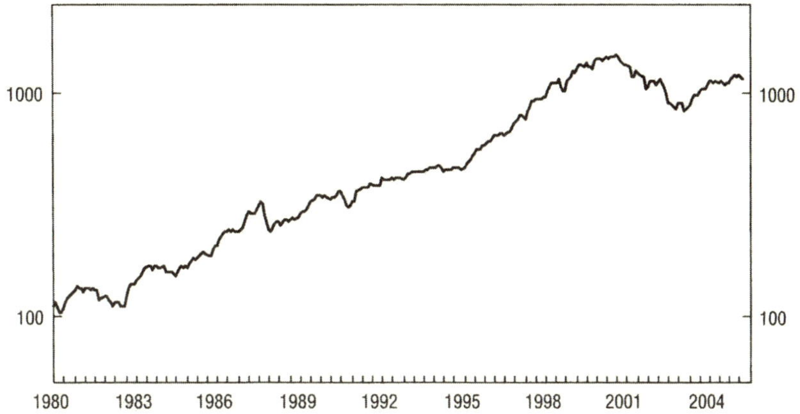

出所＝ヘイバー・アナリティクス

新聞の関連ニュースにはよく目を通したが、それ以上の細かい記事はあまり読まなかった。このときは新聞のスクラップも収集せず、経済に対する大きな影響も予想されなかったので、前回のようにこれに関する書籍も執筆しなかった。

一貫性が大切である

ウォール・ストリート・ジャーナル紙が報じたエコノミストの長期債利回り予測に関する半年ごとの調査では、ひどい結果になったことはすでに言及した。同紙はその後に「長期国債の買い時を正確に予想したベストの記録を持つエコノミスト」として私を１位にランクし、「彼の予想に従って長期国債を購入した投資家は大きく報われた」と称賛してくれた。うれしくなった私は調査を担当した米投信最大手のフィデリティ・インベストメンツのポートフォリオマネジャーであるロバート・ベックウィス氏にお礼の電話を入れたところ、彼は私が長期債利回りの低下を一貫して予想していたことを評価したと述べた。同氏によれば、ほかの多くのエコノミストはある時期に利回り低下を予想したかと思えば、次の半年には上昇予想に転じるなどスタンスが一貫していなかった。だから債券利回りの長期にわたる低下（債券価格の上昇）を予想することができなかったという。

この24年間に一般投資家がインフレ率と債券利回りは下げ続けるという私の予想を受け入れたことはなかった。このように私はずっと少数派だった。これを逆に言えば、多くの投資家が私の予想を受け入れて債券を購入していたら、長期債の価格もあれほど有利な水準までには下がらなかっただろう。これと同じように、多くの投資家がすべてのIPO（新規株式公開）銘柄は天まで駆け上がると思って競ってそうした株式を買い進まなかったら、1990年代後半のあのドットコム・バブルもなかっただろう。

債券利回りがピークを打ってから24年後の今でも、インフレ率は１～２％にまで低下し、長期債利回りも現在の4.4％から最終的には３％まで下がるという私の予想を信じてくれる人はあまりいない。これについて親しい友人であるビアンコ・リサーチ社のジム・ビアンコが語ったところによれば、私が参加しなかった数年前にウォール・ストリート・ジャーナル紙が報じた半年ごとの調査では、多くのエコノミストは2002年７月以降に長期金利が上昇すると予想していたという（**表4.1**を参照）。**図4.7**を見てもこうした長期金利の上昇を予想するエコノミストはかなり多い。ブルームバーグの月間エコノミスト調査でも、90％以上のエコノミストが2003年12月以降の金利上昇を予想しているが、長期債利回りは依然として下げ続けているのである（**図4.8**を参照）。

金利上昇を予想したのは何もエコノミストだけではない。別の友人

表4.1

ウォール・ストリート・ジャーナル紙の半年ごとの長期金利予想調査

				次のように予想した回答者の比率		
調査日	予想金利	実際金利	予想は正確だったか	上昇する	低下する	変わらない
1995/7	–0.04%	–0.70%	はい	48%	52%	0%
1996/1	0.06%	0.95%	はい	56%	42%	2%
1996/7	–0.03%	–0.25%	はい	48%	46%	5%
1997/1	–0.12%	0.14%	いいえ	30%	70%	0%
1997/7	0.01%	–0.86%	いいえ	49%	51%	0%
1998/1	0.10%	–0.28%	いいえ	58%	42%	0%
1998/7	0.08%	–0.55%	いいえ	62%	35%	3%
1999/1	–0.05%	0.89%	いいえ	37%	54%	9%
1999/7	–0.15%	0.50%	いいえ	28%	67%	6%
2000/1	–0.10%	–0.58%	はい	35%	49%	15%
2000/7	0.11%	–0.40%	いいえ	61%	16%	6%
2001/1	–0.15%	0.30%	いいえ	20%	69%	11%
2001/7	–0.10%	–0.31%	はい	39%	59%	2%
2002/1	0.04%	–0.22%	いいえ	42%	58%	0%
2002/7	0.40%	–0.98%	いいえ	93%	7%	0%
2003/1	0.50%	–0.31%	いいえ	93%	5%	0%
2003/7	0.34%	0.74%	はい	87%	9%	4%
2004/1	0.50%	0.34%	はい	96%	4%	0%
2004/7	0.55%	–0.37%	いいえ	96%	2%	0%
2005/1	0.57%	??	？？	98%	2%	0%

出所＝ビアンコ・リサーチ

であるインターナショナル・ストラテジー&インベストメント社のエド・ハイマンによれば、同社が実施した調査結果でもプロのボンドマネジャーたちは2002年初め以降に、金利上昇を見込んでポートフォリオのデュレーション（債券投資金額の回収期間）を短縮し始めたという。さらにボンドマネジャーを対象としたJ・P・モルガンの同じような調査でも類似の結果が出ているが、それでも長期債利回りの低下は続いている。一方、ピムコ（PIMCO＝パシフィック・インベストメント・マネジメント）の債券専門家であるビル・グロス氏も１年以

図 4.7

**ウォール・ストリート・ジャーナル紙の
半年ごとの長期金利予想調査
(各数字の金利上昇・低下を予想するエコノミストの分布)**

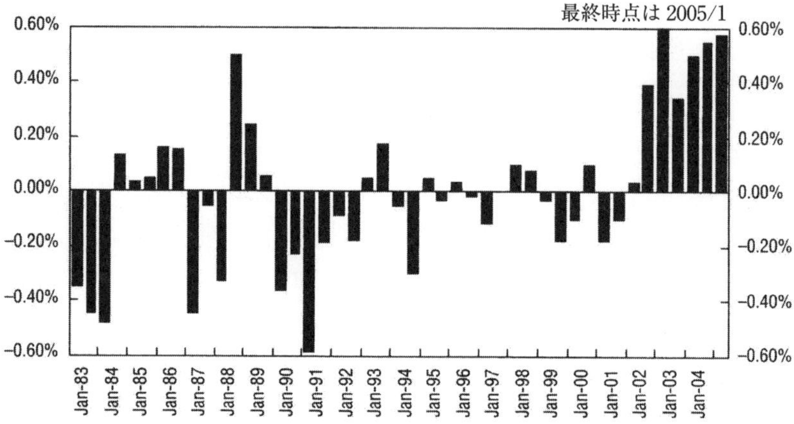

出所＝ビアンコ・リサーチ

図 4.8

30 年債利回りの推移

出所＝ライアン・ラブズ社

図 4.9

ISI グループによる債券デュレーション調査

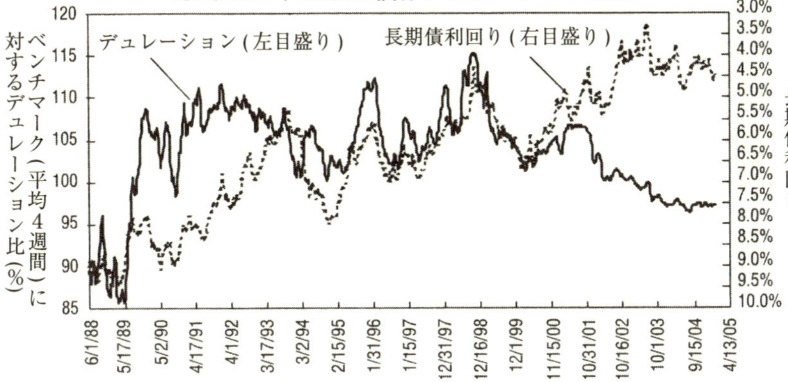

出所＝ISI グループ

上前に、20年債の上昇は終わり、これからはインフレと債券利回りの上昇が予想されると述べていた。ピムコはミューチュアルファンドや機関投資家から390億ドルもの運用資金を預かっており、それらは主にTIPS（インフレヘッジ条項付き国債）などに投資されているため、インフレ率と金利が低下すると債券価格の上昇メリットは享受できない。またピムコはインフレ再燃による価格上昇を見込んで商品にも多額を投資していたが、最近になってその投資スタンスを私の予想のほうに転向したという。

なぜトレンドに逆らうのか

私の予想が完全に外れてインフレ率と長期債利回りがこれから上昇する可能性もまったくゼロではないが、それにしてもなぜ多くのエコノミスト、一般投資家、そしてプロのボンドマネジャーでさえも、債券利回りが低下しているというこの24年間のメジャートレンドに逆らっているだろうか。こうしたトレンドに気づく時間はたっぷりあったのに。そういえば1982年に始まった株式の大相場でも、15年後の1990年代末になってやっと非合理的な熱狂を生み出した。個人投資家は株式が好きなので、債券利回りの下降トレンドに気づかなかったのだろうか。いいやそうではない。彼らは債券のことが分からないのである。既発債の表面利率は確定しているため、市場利回りは実勢金利を反映して動き、それに伴って債券価格も大きく変動するということを。例えば、実勢金利が10％から５％に低下すると、表面利率10％の債券は実効利回りを５％に引き下げるために価格を２倍にする。このように債券の利回りと価格は逆相関の関係にあるが、これがそんなに難しいことだろうか。

もちろん債券にはこうした金利の変動という要因のほかに、信用リスク（発行体が定期的に利息を支払い、満期に元本を償還すること）という問題もある。その点では私の好きな国債（財務省証券）は格付けもなく無リスクである。これに対し、社債、地方債、モーゲージ証券、エマージング債などは、そうしたリスクが大きい分だけ国債よりも高利回りとなる。このように債券はリスクが大きいとそれだけ利回りが高くなる。ゼネラルモーターズ（GM）は2005年３月に業績を大きく下方修正したため、その社債はジャンク債に格下げとなった。その結果、長期国債とジャンク債やエマージング債とのイールドスプレッド（利回り格差）は拡大し、また投資適格債とジャンク債のスプレッドも大きく広がった（**図4.10～図4.11**を参照）。それまでは社債のデフォルト（債務不履行）の減少、急勾配のイールドカーブ（その結果、それら低格付け債を購入するための割安な短期資金の取り入れが活発になった）などを反映して、長期債と低格付け債とのイールドスプレッドはかなり縮小していた（**図4.12～図4.13**を参照）。FRB

図4.10

債券のイールドスプレッド

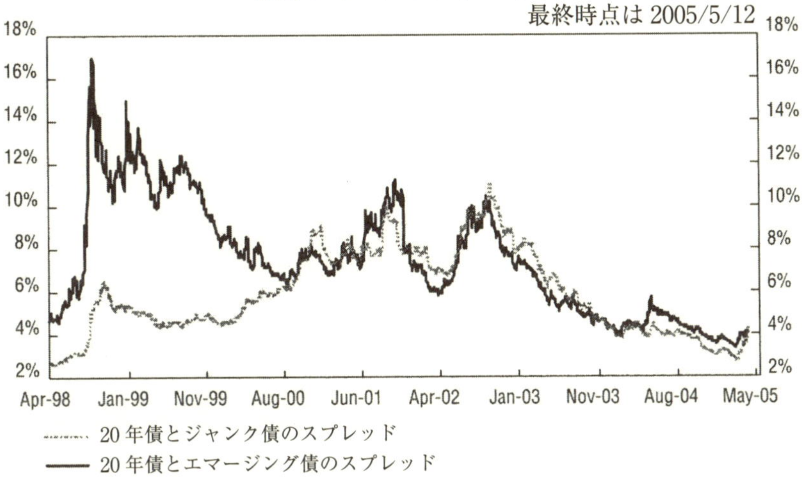

出所＝ビアンコ・リサーチ

図4.11

メリルリンチのA格債マスター指数

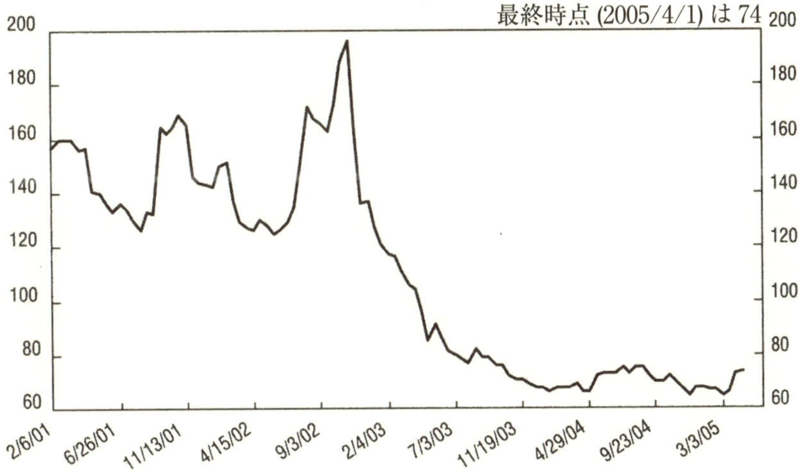

出所＝ビアンコ・リサーチ

図 4.12

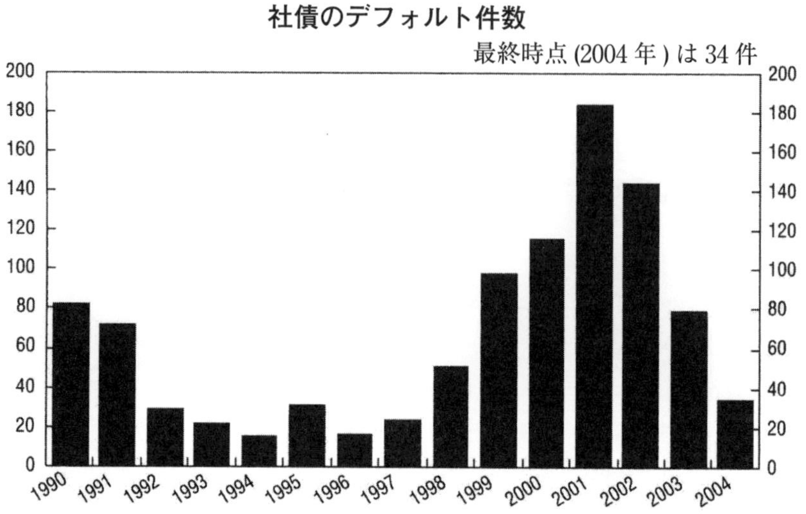

出所＝ムーディーズ・インベスターズ・サービス

図 4.13

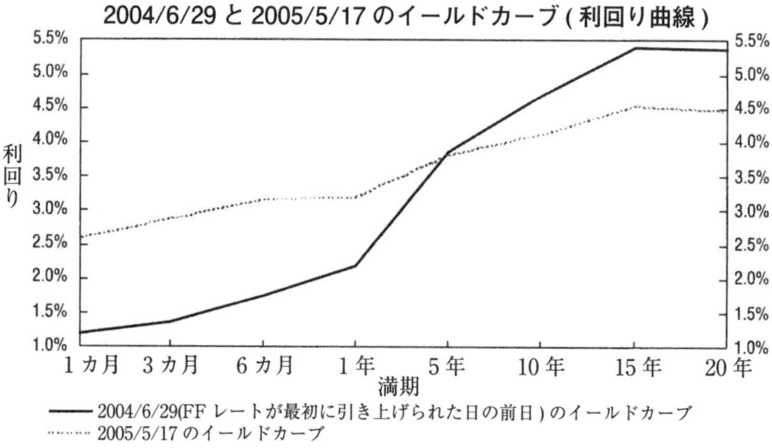

出所＝FRB ／ライアン・ラブズ社

（連邦準備制度理事会）が2004年６月から短期金利を高めに誘導する一方で、長期債の利回りは引き続き低下していたが、GMのショッキングな発表は低格付け債の人気を一挙に冷やす結果となった。

債券のリスクと満期

多くの人々は債券などは女性や年寄りだけが投資するものと考えているようだ。彼らは、①金利や企業信用度の変化を反映して債券価格が大きく変動すること、②レバレッジをかけて債券に投資すれば、（私のように）大きな利益を上げたり、その反対に大きな損失に泣く可能性もあること――を理解していない。多くの投資家は国債などはつまらないと思っているようだが、①債券のなかでは最もリスクが小さい、②高い流動性がある、③満期前に繰上償還されることはない――という国債の素晴らしいメリットに気づいていない。これが社債であれば、発行企業は金利が低下すると高利回りの既発債を繰上償還し、投資家のギャピタルゲインのチャンスを奪ってしまう。ところで、私が国債やその他の債券に投資するのは利息が目的ではなく、キャピタルゲインを狙っているからである。したがって高利回りの社債などに興味はない。社債と国債のイールドスプレッドはここ数年間に縮小し、最近ではさらに非現実的な水準にまで縮まっていたが、GMの経営危機が深刻化するにつれて逆に拡大し始めた。

多くの投資家にとって債券の満期も分かりにくい問題である。個人的な話をすると、私は数年前に両親の投資口座の管理を引き受けた。それは彼らが私を本当に信用してくれたからではなく、20数年間付き合ってきた証券マンが退職したので、ほかに世話する人がいなくなったためである。その直後に母が電話をよこし、「ゲーリー、くれぐれも30年満期の国債には投資しないでね」と言った。「分かったよ、ママ」「私とパパはもう30年も生きられないからね」。私は満期まで長期債を保有するつもりはないこと、利回りが低下すれば長期債ほど大きく値上がりする可能性があること、株式に満期はないが、95歳の老人でもそうした株式を保有していること——などを説明したが、母が私のこうした説明をどれだけ理解できたのかは分からない。

複雑な株式

企業の信用リスク、金利の変動、満期などを除けば、債券投資家が心配する大きな問題はほとんどない（詳しくはインフレやFRBの金融政策などもあるが）。これに対し、株式の総リターンには極めて多くの要因が影響を及ぼす。株式の評価指標も株価収益率（PER）、株価キャッシュフロー倍率（PCFR）、株価純資産倍率（PBR）、配当利回り、配当性向など数え切れないくらい多岐にわたる（**図4.14～図**

図4.14

出所＝S&P

図4.15

S&P500の株価キャッシュフロー倍率(PCFR)

最終時点(2003年)は12.94倍

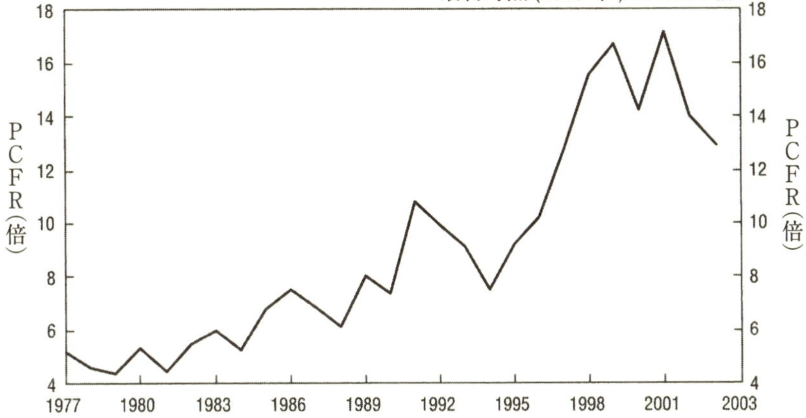

出所＝ヘイバー・アナリティクス

図4.16

S&P500の株価純資産倍率(PBR)

最終時点（2003年）は3.03倍

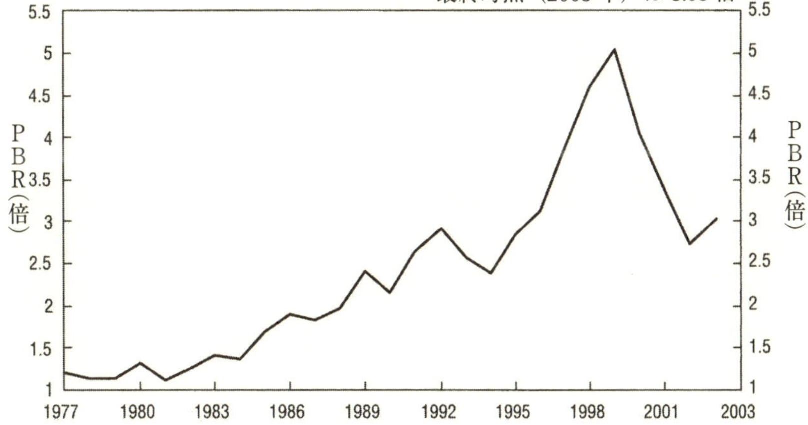

出所＝ヘイバー・アナリティクス

図4.17

S&P500の配当性向と配当利回り

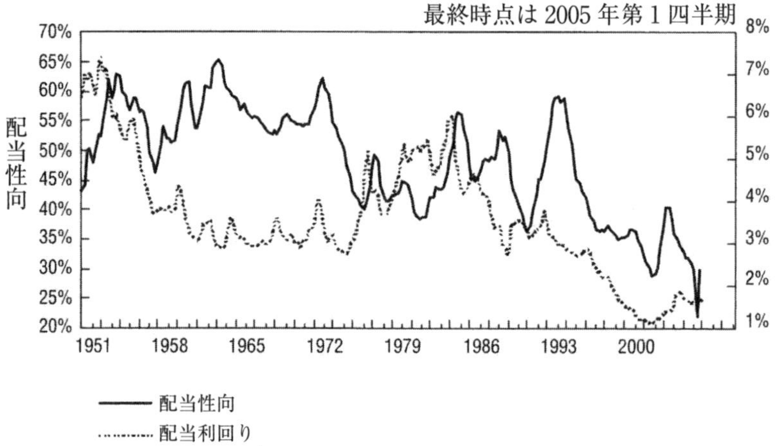

出所＝S&P

4.17を参照)。このほか、企業経営陣の経営能力や会計手法、さまざまな規制法、産業の見通し、新製品の動向、競合商品との価格競争、全体的な景況、株式相場の見通し、投資家のリスク許容度なども株価にさまざまな影響を及ぼす。こうしたことを考えると、債券（とくに国債）は複雑で株式は簡単だと考えている人は、私とはまったく違う世界に住んでいると思う。

それではなぜ一般投資家は債券にはあまり興味を示さず、株式だけに目を向けているのだろうか。そのひとつの原因として、テレビ局が視聴率を上げるために経済ニュースなどで株式を取り上げることである。CNBCなどもその日のダウ工業株平均、S&P500、ナスダック総合指数の動きなどを詳細に伝えるが、国債については10年債（中期債）の市場利回りぐらいにしか触れない。国債投資家としての私としては、債券価格のニュースが知りたいのである（その日の評価損益を大きく決定するのは債券価格の動向であるからだ)。私は債券の市場利回りなどにはあまり興味はないし、それに何よりも利回りが何ベーシスポイント動けば債券価格がどれだけ変動するのかが分からなければ、それは価格変動の要因を推測する手掛かりとはならないだろう。中期債の市場利回りと価格動向を伝えるのはブルームバーグぐらいである。

このように個人投資家の株式偏愛があまりにも強いので、彼らはそれ以外の可能性については考えたこともないようだ。そうした投資家が私に「今日のマーケットはどうでしたか」と尋ねたとき、私は彼が株式のことを言っているのは分かっているが、あえてこのように聞き返している。「株式、債券、原油、通貨、農産物、非鉄金属、金、不動産のどのマーケットのことですか」

カクテルパーティーでの話

私は投資家のこうした株式偏愛はリスク、株価の変動、行動など求める人間本来の願望に根ざしているのだと思う。どう考えても大きな利益をすぐに儲けたいという単純な願望だけではない。しかし、大きく儲けたいのなら、債券だって十分にできるのである。例えば、単純に表面利率５％の国債を購入する代わりに、レバレッジをかけて国債先物に投資すれば、大きな利益を手にすることができる（もちろん、大きく損をする可能性もある)。投資家が株式を好むひとつの原因として、その企業や製品に対する親近感もあるだろう。その投資家がペプシを好んで飲んでいれば、その企業と株式が好きになるのも当然であろう。さらに重要なことは、ある株式（特にあまり知られていない株式）で利益を上げた投資家は、カクテルパーティーや社交の場で大いに自慢できることである。

私はこのことを個人的に体験した。(原油やエネルギー価格が高騰していた）2005年初めのあるカクテルパーティーの席で、私は何人か

図 4.18

ナスダック総合指数の 1990/1～2005/5 の推移

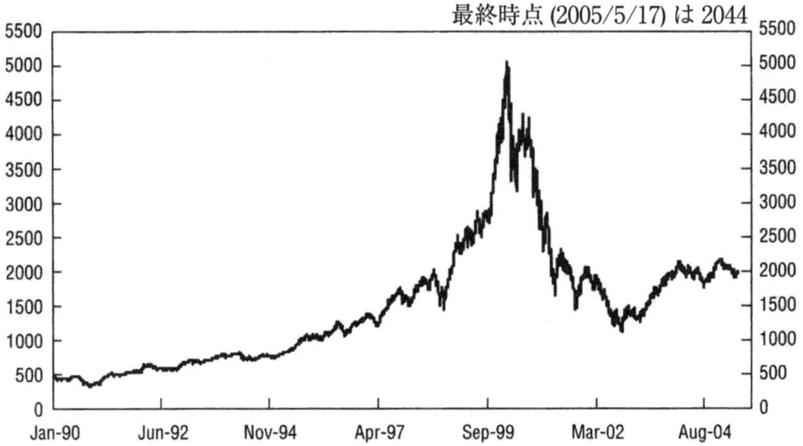

出所＝ヤフー・ファイナンス

の出席者と話しているとき、（カナダの天然ガス・オイルサンド開発会社である）サンコア・エナジー株で大儲けしたと語った。そしたら会話が大いに盛り上がり、私を見る目に敬意の念が込められたのである。そのあとほかの出席者に対して、今日は保有する30年国債価格が１％上昇したので、大きな評価益が出たと話した。私は国債先物とゼロクーポン債に投資しており、金利が１％低下すれば債券価格はその２倍以上も値上がりするが、人々の目はとたんに輝きを失って、ドリンクをお代わりするためにバーのほうに行ってしまった。

個人投資家は多くのアメリカ人と同様に、根っからの楽観主義から債券よりも株式のほうが好きであるようだ。これらの楽観的な投資家はアメリカ経済と企業収益の持続的な成長を信じて、株式を長期にバイ・アンド・ホールドすれば報われると思っている。一方、債券（特に国債）については株式暴落、景気後退、その他の悪い状況などの安全な避難先といったマイナスのイメージしか抱いていない。さらに1982年7月から2000年3月まで17.8カ月も続いた株式の大相場があまりにも力強く長期にわたったので、株式は有利な長期の投資対象であり、こうした魅力的なリターンがこれからも続くと思っている。こうした考えが人々の頭に深く根付いているので、2000年代初めの株式暴落も克服されたようだ（**図4.18**を参照）。

プロも債券は好きじゃない

皮肉なことにプロのボンドマネジャーや債券引受業者でさえも、自分が取り扱う商品にマイナスのイメージを持っているようだ。私は1970年代に大手投資銀行のホワイト・ウエルド＆カンパニーでチーフエコノミストをしていたが、コーポレートファイナンス部門の人々は適切な債券引受時期を探るために、よく私に経済見通しを聞いてきた。しかし、それは債券利回りの上昇が予想されるときだけだった。金利の低下が予想されるときは新発債の引き受けは敬遠されていたが、利回りが上昇すると金利コストが上がらないうちにと、彼らは一斉に債券引き受けに殺到する。もちろん、私の同僚たちも一斉に取引に走ったが、債券引き受けができないと会社に引受手数料が入らないからである。

プロのボンドマネジャーたちは、債券価格についても楽観的になることはほとんどない。債券価格が大幅に上昇したときでも、それからさらに3年間も弱気の見方をしていた（**図4.19**を参照）。おそらくこれらプロたちの頭からは、1970年代のインフレ高騰期の悪夢がまだ抜けないのだろう（インフレが高進すると債券利回りは上昇し、既発債の価格は急落するので債券保有者は大きな損失を被る）。こうした債券価格の下落による損失に加え、インフレが名目利回りをすべて奪ったため、実質利回りがマイナスになった1970年代半ばから後半にかけ

図4.19

20年債の実質利回り(インフレ調整済み年率%)
最終時点(2005/4)は2.16%
10%
8%
6%
4%
2%
0%
−2%
−4%
−6%
−8%
1948
1953
1958
1963
1968
1973
1978
1983
1988
1993
1998
2003
グレーの部分は景気後退期

出所＝連邦準備銀行／労働統計局

図4.20

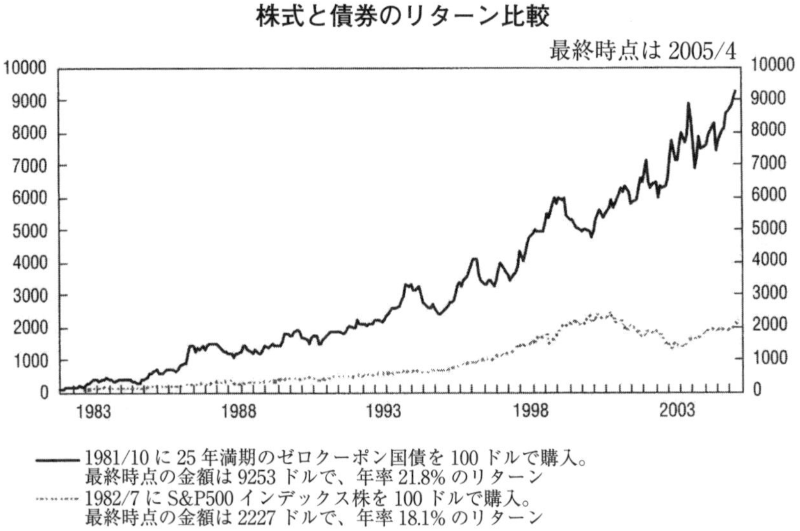
株式と債券のリターン比較
最終時点は2005/4
10000
9000
8000
7000
6000
5000
4000
3000
2000
1000
0
1983
1988
1993
1998
2003
1981/10に25年満期のゼロクーポン国債を100ドルで購入。
最終時点の金額は9253ドルで、年率21.8%のリターン
1982/7にS&P500インデックス株を100ドルで購入。
最終時点の金額は2227ドルで、年率18.1%のリターン

出所＝ビアンコ・リサーチ

ての苦い思い出がまだ記憶に新しいこともある。つまりこれらプロのボンドマネジャーたちは、債券価格の下落とマイナスの実質利回りというダブルパンチを食らってしまった。こうした二重の大きな打撃を受けた彼らは、1980年代前半の債券利回りの急上昇という大きなチャンスを取り逃がしてしまった。その後に実質利回りは低下したが、ボンドマネジャーたちの頭のなかでは以前の苦い記憶が今でもよみがえっている。

歴史を振り返ると

個人とプロの投資家はいずれも債券よりも株式が圧倒的に好きなようであるが、この20年間を見ると債券は株式よりも魅力的な投資対象だった（少なくとも私のポートフォリオではそうだった）。ゼロクーポン債は利付債のように半年ごとの利払いはなく、償還額よりも安く発行されるので、実勢価格と償還額の差が利益となる。その価格は金利が１％低下すれば２倍も上昇するが、金利上昇期には逆に２倍ほど急落する。例えば、長期国債の利回りが14.7％のピークを付けた1981年10月に25年満期のゼロクーポン国債を購入し、その後に毎年新しい25年債にロールダウンしたとする（1981年に発行された25年債の残存期間は今では２年以下となり、満期が近づくと金利が低下してもその価格の上昇幅は小さくなる）。

こうしたロールダウンを繰り返していけば、1981年10月に投資した100ドルは2005年４月には9253ドルに増加し、その年複利リターンは21.8％となる。これに対し、S&P500がボトムを付けた1982年７月にそのインデックス株に100ドルと投資したとすれば、2005年４月には（配当の再投資を含めて）2227ドル、年間リターンは18.1％にとどまっている。最近の史上最長の大相場のときに株式をバイ・アンド・ホールドしても大きく報われたが、25年満期のゼロクーポン国債に投資すれば、その投資額は株式に投資したよりも4.2倍になり、大きなリターンを手にすることができたのである（**図4.20**を参照）。

債券はどこに行くのか

私は1981年に始まった前代未聞の債券価格の上昇はまだ続いていると信じており、長期国債の利回りは最終的に３％まで低下するだろう。これは、さまざまなデフレ要因によって引き起こされるインフレ率１～２％で低位安定するディスインフレ時代の当然の結果である（**表4.2**を参照）。利回りが３％に低下したときに債券価格の長期上昇相場も終わるが、それでも長期債の４～５％という実質リターンは戦後これまでの平均リターン2.5％に比べるとはるかに魅力的なものである（**図4.19**を参照）。

これに対する株式の利回りは上昇率１～２％＋配当率３％の４～５％と、ヒストリカルな平均リターンの５～６％を下回るだろう。こうした良性のディスインフレでさえも株式の利回りはかなり低くなるが、これが悪性のデフレになったらその打撃はさらに大きくなる。インフレの低位安定が今後も続けば、特に現在の住宅バブルをはじめとする米経済と証券市場では、これまで拡大してきたさまざまなリスクや負債比率は大きく低下するだろう。いずれにせよ、私は過去24年間にわたって私を報いてきた（インフレと債券利回りの低下を前提とした）投資スタンスをこれからも持続していくつもりである。これは20年以上にわたる少数派主義をこれからも続けるという意味であり、大衆が私のこの陣営に押し掛けてきたときが前代未聞の債券価格の長期上昇が終わるときである。

表4.2

デフレ要因
1．冷戦の終了で世界的な軍事支出の増加がストップする。
2．中央銀行がインフレ懸念を強める。
3．グローバルなリストラの嵐が今後も続く。
4．新しいテクノロジーの発展で企業とユーザーの生産性が向上する。
5．大手小売企業が世界的な規模でコスト削減策を実施する。
6．規制緩和で企業間の競争が激化する。
7．経済のグローバル化がいっそう進展し、世界的な規模で供給過剰が強まる。
8．アメリカの消費者が借金と消費から節約モードに家計を切り替える。

出所＝ゲーリー・シリング社

第5章

リスクはリターンを得るための条件ではない

Risk Is Not a Knob

エド・イースタリングはダラスの投資・リサーチ会社クレストモント・ホールディングズの社長で、『バイ・アンド・ホールド時代の終焉』（パンローリング）の著者でもある。いくつかのヘッジファンドを自ら運用し、またその他のヘッジファンドの投資顧問も務める。ダラスのサザン・メソディスト大学コックス・ビジネススクールで、非常勤教授として大学院生にヘッジファンドの投資マネジメントについて教えている。同書は米株式市場の長期サイクルを分かりやすく分析したベストの書籍のひとつである。エドの主要なテーマのひとつはリスクの分析とリスクをどのようにコントロールするのかであり、真摯な投資家は本章をじっくりと読んでほしい。――ジョン・モールディン

リスクはリターンを得るための条件ではない

エド・イースタリング

「お金儲けの最初の条件は、お金を失わないことである」

リスクは味方であり、また敵でもあるため、投資家はリスクをどのように考えるのかによって投資で成功したり失敗したりする。リスクはすべての投資に内在するため、それらを慎重に評価・管理・コントロールしなければならない。あなたの投資の旅は伝統的な投資の考え方が支配している不思議の国から出発し、これから現実の世界に向かうのである。あなたはよく「大きなリターンを得るには、大きなリスクを取らなければならない」という言葉を耳にするだろう。それが意味するものはリターンを生み出すのはリスクである、すなわちリスクは投資資金をリターンに変えるという考え方である。しかし、実際には、リスクとは投資家が要求する補償や保護の条件である。株式市場では高いリスク＝高いリターンと考えられているが、現実はこうしたリスクとリターンの関係とは大きく異なっている。

本章を読み終えるまでに、あなたはリスクとはリターンを生み出す肥料ではなく、むしろ投資の庭に生い茂る雑草のようなものだと理解されるだろう。その結果、あなたの投資戦略はできるだけ低いリスクで高いリターンを追求するものに変化するだろう。こうした考え方はあらゆる相場環境で大切であるが、特に株価がヒストリカルな平均以上にあるような局面では不可欠である。本章の目的はリスクとリターンの関係を分析し、それらの伝統的な考え方を一新することにある。以下ではリスクの計測法、リスクとボラティリティが意味するものなどを分析するので、本章を精読すれば有効な投資決定ができるようになるだろう。

リスキーなビジネス

リスクとはヒストリカルな平均に基づくものではなく、個別の状況によって異なるものである。ヒストリカルな観点からリスクを論じたものも少なくないが、将来は必ずしも過去を反映したものではない。投資パンフレットなどにも「過去のリターンは将来のリターンを保証するものではありません」といった文章が見られるが（これを読む投資家は少ない）、同じように将来のリスクの程度が必ずしも過去と同じわけではない。リスクと長期のリターンに関する伝統的な投資の考え方には、保有株に含み損が出てもそれを我慢してホールドしていればいつかはリターンになるというまったく間違った前提が含まれている。その結果、多くの投資家は高いリスクとは大きな損失の可能性ではなく、単なる短期のボラティリティ（相場の変動）にすぎないと考えている。

リスクとは損失になるかもしれないという不確実性である。こうした不確実性がなくなれば、それはもうリスクではなく現実の損失である。また損失の可能性がなくなれば、すなわち不確実性とは単に利益の程度のことにすぎないのであれば、もはやリスクは存在しない。このように投資のリスクとは損失の可能性であるが、それを評価・計測する方法はちゃんと存在する。その場合に問題となるのは、リスクの確率と程度である。例えば、ある投資の損失の確率は20％、別の投資のリスク度は50％などと言ったりする。損失の確率が高くなるほど、そして潜在的な損失の程度が大きくなるほど、その投資はリスキーなものとなる。その結果、投資家はそうした高いリスクに見合う大きなリターンを要求するのである。

一方、リスクとリターンには投資家が株式を購入する金額などの条件も含まれる。その投資のリスクとリターンの評価が正しければ、適正に組成されたポートフォリオは期待リターンを生むはずである。しかし、トレードの相手はあなたと同じように賢明な投資家であることを忘れてはならない。買い手としてのあなたが大きなチャンスであると思っても、売り手がその値段で売ってくれるかどうかは分からない。こうした投資の緊張関係はあなたが売り手であっても同じである。

現代ポートフォリオ理論の誤解

伝統的なポートフォリオ理論では、株式は債券よりも損失の可能性が大きいので債券よりもリスキーであるとされている。その結果、効率的な市場では長期的に株式は債券よりも高いリターンを保証する。それゆえに、投資家は高いリターンを得ようとすれば株式の比率を高めるべきである。リスクを絶対に回避したい投資家にとっては、株式と債券を効率的にミックスしたポートフォリオはベストのリスクとリターンの条件を満たすだろう。こうした理論の大きな誤解は、株式市場のファンダメンタルズは将来も大きなリターンを保証してくれる水準まで株価を押し上げてくれると考えていることである。しかし、現実には高い株式の期待リターンは極めて低いのが当然であり、ときに数年間もマイナスになることもある。こうした時期には株式は債券よりも低いリターンしか生み出さない。高いリスクが大きなリターンを生むので、高株価のときでも株式保有率を高めるべきだといった伝統的な考え方にとらわれている投資家の前には、むしろ低い期待リターンしか待っていないだろう。こうした投資家は何年間も大きなリスクと低い期待リターンを同時に抱え込むことになる。

確かに株式は債券よりもリスキーである。したがって歴史と合理的な市場に照らして見れば、長期的に株式は債券よりも高いリターンを保証すべきであるが、株式のリスク度は相場の局面によって大きく異なる。株価が高いときの株式は最もリスキーであり、そうした局面では下落と損失のリスクが最大となる。リスクマネジメントというツールを駆使しなければ、大きなリスクが大きな損失につながるのはほぼ確実である。ここでもう一度繰り返すが、「リスクはリターンを得るための条件ではない」。大きなリスクを取ったからといって、それが必ずしも大きなリターンをもたらすわけではない。現代ポートフォリオ理論はこの20年間に投資家に対して、大きなリスクが大きなリターンをもたらすといった間違った考えを植え付けてしまった。リターンとは適正な価格で投資するとき、リスクの程度に見合って投資家が要求する補償金のようなものである。

リスクに関する間違った考え

合理的な投資家はリスクの大きい投資商品に対して、リスクの小さい商品よりも大きなリターンを要求する。こうした考え方は今や投資の世界では常識になっており、それは低格付け債は高格付け債よりも利回りが高いことでも裏付けられている。しかし、こうしたリスクとリターンの関係は多くの人々が考えているほどダイレクトなものではない。ゼネラル・エレクトリックの元CEO（最高経営責任者）であるジャック・ウェルチやウォーレン・バフェットが、平均以上のリターンを得るために大きなリスクを取っただろうか。その答えは「ノー」である。ウェルチやバフェットは同業者よりも高度なスキルを駆使して高いリターンを得たのである。換言すれば、彼らが成功したのは超優良企業をポートフォリオに加えることでリスクを低減した結果なのかもしれない。これと同じように、絶対リターンの手法でも投資のリスクを最小限に抑えることで、どのような相場の局面でもより高いリターンを上げようとする。

リスクとリターンの関係におけるもうひとつの誤解は、大きいリスクが自動的に大きなリターンをもたらすという考えである。リスクとは合理的な投資家が適正に評価し、その投資商品の期待リターンに上乗せするプレミアムである。低格付け債が高格付け債よりも利回りが高いのは、投資家がリスクの大きい債券により大きなリターンを要求するからである。もっとも、合理的な投資家が評価する低格付け債の価格とは、その高いリスクを埋め合わせる価格ではない。投資商品の価格と条件を決定するのは、リスクと損失の程度が認識されたあとの期待リターンであり、それこそがマーケットの機能である。

期待リターンと予想リターン

投資の世界で使われる「期待リターン」という言葉は、その投資商品のリスクの程度に見合って投資家が要求するリターンを指している。ハリー・マーコビッツが1952年にジャーナル・オブ・ファイナンス誌に発表した現代ポートフォリオ理論（MPT）の論文のなかで、彼は期待リターンにはリスク引当金が含まれるという「期待リターン――リターンの大きさのルール」に言及した。無リスクの短期国債（Ｔビル）などを除くすべての金融証券の期待リターンには、リスクプレミアム（損失のリスクに見合った上乗せリターン）が含まれている。例えば、低格付け債はリスクが大きい分だけ高格付け債よりも利回りが高くなっている。高格付け債のひとつである長期国債（Ｔボンド）の利回りが５％のとき、リスキーな会社が発行する社債は損失リスクが大きい分だけ、例えば10％の利回りとなる。

損失リスクがないＴボンドの５％という期待リターンは現実のリタ

ーンである。しかし、リスキーな社債の10％という期待リターンはうまくいけば10％の実現リターンとなるが、信用損失などがあればそれ以下になるかもしれない。10％の期待リターンの社債を数多く組み入れているポートフォリオでは、実際のリターンが10％に達しないこともある。リスクの高い社債の一部で損失が出る確率はかなり大きい。このように「リスク調整前の期待リターン」と「リスク調整後の予想リターン」は大きく異なる。リスク調整後の予想リターンを考慮しないで、高利回りの投資商品を購入する投資家は少なくない。株式を含む投資商品のリスクプレミアムを評価するとき、この点を十分に考慮しなければならない。

リスクの計測

損失の確率や程度を数量化する方法を含め、リスクを評価・計測する方法は多岐にわたる。投資家はそれらの方法を使ってその投資の損失の可能性や、投資が期待どおりにいかなかったときの損失額などを推計できる。リスクはそのアセットクラスに内在する一般的なリスクと、個別の投資商品に存在する特有のリスクに大別される。例えば、株式市場の全体的なリスクは個別銘柄に特有のリスクとは異なる。リスクとリターンの源泉を評価するとき、こうしたリスクの性質の違いを理解していることが大切である。

絶対的な確率

確率とはそれが統計的に有意であるときに限って有効となる。統計的な裏付けのない確率は、単なる経験的な推測にすぎない。例えば、損失の確率が10％である１回の投資の成否の確率は、完全な成功または失敗のいずれかである。しかし、損失の確率が10％の投資を100回行えば、損失の可能性は限りなく10％に近づく。もちろんそのポートフォリオが十分に分散投資されていないと、どのようなリスク計測法を使っても損失の可能性を正確に測定することはできないだろう。

例えば、成功の確率が25％、投資収益率がその10倍の油井の開発に投資すれば、その期待リターンは250％である。このベンチャーに12回にわたって１万2000ドルを投資すると、損失額は９回の9000ドルであるが、期待リターンは残り３回（成功の確率の25％）の3000ドル×10倍＝３万ドルとなる。この金額は1万2000ドルの投資額の250％である。これに対し、ひとつのプロジェクトに1万2000ドルを全額投資すると、成功の確率と期待リターンは油井開発のベンチャーと同じであるが、その結果は全面的な成功または失敗の二者択一である。すなわち、成功すればそのリターンは1000％に上るが、失敗すれば損失率は100％で投資額はすべて失われる。この２件の投資の統計的な確率は同じであるが、リスクとリターンの確率はまったく異なる。これが分散投資のメリットと大きな強みである。

短期と長期の結果

今日株式を購入したときのリスクとは、明日（またはいつでも）それを売却したときの損失の確率または程度と考えられる。「評価損は確定するまでは実現損とはならない」という考えもあるが、多くの投資家は投資のリスクを収支トントンの水準に対する損失額とみなしている。こうしたリスクの考え方は短期的（数日間または数年間でさえも）な収支トントンの水準がベースになっているが、長期のタイムスパンを取るとリスクはまた別の意味を持ってくる。

図5.1は1900年以降の連続する各10年間のS&P500の年平均総リターン（配当を含む・取引コストは除く）を示したもので、最初の10年間は1900～1909年、次は1901～1910年、直近の10年間は1995～2004年

図5.1

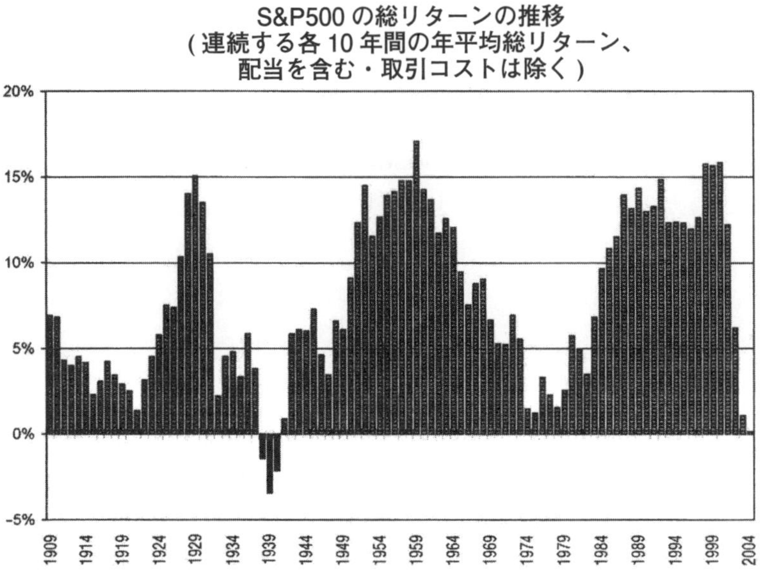

とする連続する各10年間の年率リターンを表している。この図について単純に各10年間の損益を見ると、1900年以降に損失となった期間はわずか3回、1941年以降ではゼロであると考えられる。ここから株式の長期投資のリスクはかなり小さいという結論が出そうである。こうした見方の大きな誤りは、その間のインフレと負債という2つの重要な影響を無視していることである。

お金には購買力があり、各10年間の株式投資の収支がトントンであったとすれば、その間のインフレを考慮すれば、期待リターンに満たない資金の購買力はマイナスとなる。インフレの影響は短期的には軽微であるが、その長期の悪影響は複利的なものとなる。3.5%というヒストリカルな平均インフレ率を考えると、各10年間の期初の１ドルのコストは期末には1.41ドルになる。10年間の株式投資の収支がトントンであるとすれば、負債の返済率は約30％のマイナスとなる。負債がインフレを上回るスピードで増加することもあり、こうしたことは機関投資家のみならず、個人投資家にとっても同じである。

一般に年金基金などを含む機関投資家は多くの負債を抱えており、それを返済するためにも投資収益の確保は不可欠である。個人投資家も株式投資の期待リターンをベースに、リタイア後の生活や家計の収支を見込んでいる人も少なくないだろう。これらの投資家の10～20年間の投資収支がトントンであるとすれば、そのリスクは予定投資リターンの損失という形になる。実際に損失が出なくても、機関・個人投資家の多くは負債が投資収益を上回るスピードで膨れ上がり破産してしまうだろう。

例えば、ある年金基金が１億ドルの資産を持ち、それで10年間に２億ドルの負債の返済額を賄わなければならないとき、必要な投資収益率は年率7.2％である。これと同じように個人投資家も退職後の生活費や子供の教育費などを賄うためには、収支トントンの株式投資ではその実現は不可能である。このように株式ポートフォリオのリスクを評価するときは、収支トントンを上回る期待リターンの実現が前提となる。そうでないと単に元本を維持するだけの結果に終われば、期待リターンや予定投資リターンどころの話ではない。このように考えると、株式投資のリスクとは負債の返済額をカバーできるかどうかの不確実性ともいえる。

図5.2は、機関・個人投資家のこうした負債の返済額を見込んだこの１世紀の株式投資の総リターンを示したものである。この図は先の**図5.1**と同じものだが、負債の返済額を賄うに必要な投資収益率の７％のラインが引いてある（この総リターンには年間約２％に上る売買手数料、投資運用コスト、スリッページ、その他の取引コストなどは

図5.2

7%の必要投資収益率を見込んだS&P500の総リターンの推移
(連続する各10年間の年平均総リターン、
配当を含む・取引コストは除く)

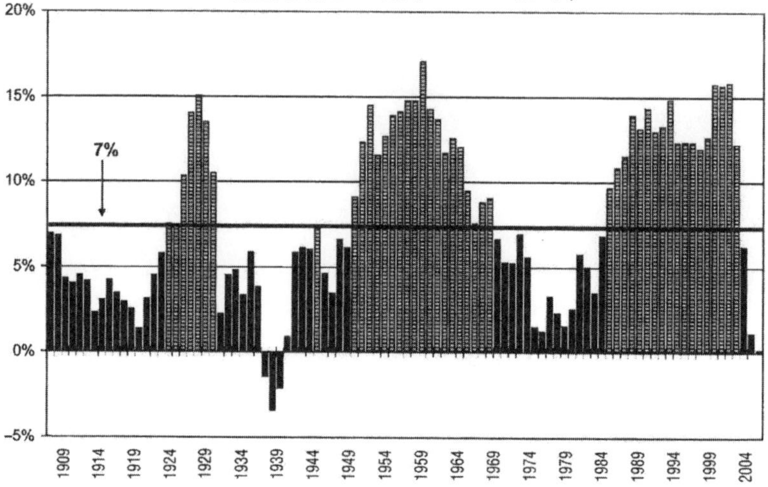

Copyright 2005, Crestmont Research (www.CrestmontResearch.com)

含まれていない）。それによれば、1900年以降のこの100年間に７％以上のリターンを上げた期間は45回、すなわち負債の返済額を見込んだ株式投資の成功率はわずか47％である。しかもこの45回のうち38回（82％）では、期初から期末にかけてPER（株価収益率）が上昇した期間であった。これを逆に言えば、この７％の必要投資収益率を達成するためにはPERの上昇が不可欠であることを意味する。こうした事実を理解しないと、リスクを無視し希望だけを当てにした投資となってしまう。

ボラティリティという小鬼

多くのマーケット専門家は損失の確率に加え、リターンのばらつきによってもリスクを計測している。それはリターンの標準偏差と言われるもので、小さい標準偏差はばらつきの小さいリターン、大きい偏差はばらつきの大きいリターンを表す。リターンのばらつきが大きくなると、（平均リターンではなく）複利リターンは大きく低下する。またボラティリティの大きい下降相場では多くの投資家は一斉に保有株を手放してしまうので、相場の下げにはさらに拍車がかかる。こうしたボラティリティの大きい相場では、次の反転局面に乗るために投資家は通常の場合よりも多くの資金が必要となる。

投資家は有利な投資対象であると言われる株式投資の平均リターンを手にすることはできず、実際に使えるのは複利リターンのお金だけである。この２つの違いは極めて重要なので、以下では具体的に説明する。単純リターンとは一連のリターンを単純に平均したもので、例えば10％と20％のリターンの単純平均は15％である。これに対し、複利リターンとは前年比の年率リターンであり、毎年累積していくものである。例えば、ある年のリターンが10％、翌年が20％であるとすれば、その累積増加率は32％となり、各10％と20％の増加率よりはるかに大きい。しかし、この32％の累積増加率をもたらす２年間の複利リターンは14.9％であり、単純平均リターンの15％よりもわずかに小さい。

図5.3は1900～2004年の米株式の年間変動率を示したもので、単純平均リターンは＋7.3％であるが、同じ期間のいっそう正確な正味リターンである複利リターンに換算するとわずか５％にすぎない。全体としてこの期間の配当が取引コストよりも高かったことから総リターンには若干の違いが出るが、それでも単純平均リターンと複利リターンの差はかなり大きい。例えば、単純平均リターン（配当・取引コスト・税金を除く）が7.3％であるとすれば、1900年に投資した1000ド

図 5.3

ボラティリティの小鬼——単純リターンと複利リターン

年単純リターン

	'00	'01	'02	'03	'04	'05	'06	'07	'08	'09
1900	7%	–9%	0%	–24%	42%	38%	–2%	–38%	47%	15%
1910	–18%	0%	8%	–10%	–31%	82%	–4%	–22%	11%	30%
1920	–33%	13%	22%	–3%	26%	30%	0%	29%	48%	–17%
1930	–34%	–53%	–23%	67%	4%	39%	25%	–33%	28%	–3%
1940	–13%	–15%	8%	14%	12%	27%	–8%	2%	–2%	13%
1950	18%	14%	8%	–4%	44%	21%	2%	–13%	34%	16%
1960	–9%	19%	–11%	17%	15%	11%	–19%	15%	4%	–15%
1970	5%	6%	15%	–17%	–28%	38%	18%	–17%	–3%	4%
1980	15%	–9%	20%	20%	–4%	28%	23%	2%	12%	27%
1990	–4%	20%	4%	14%	2%	33%	26%	23%	16%	25%
2000	–6%	–7%	–17%	25%	3%					

平均上昇率

平均上昇率 = 7.3%

年複利リターン

	1/1 1900	12/31 2004
期初	66	
期末		10,783
期間（年）		105

平均上昇率

平均上昇率 = 5.0%

ルは毎年7.3％ずつ増え続け、2004年末には163万2942ドルになると考えられるが、この105年間を通して株式市場に参加していた投資家が実際に手にする金額は16万7833ドルである。この金額はこの期間を通して1000ドルを毎年５％ずつ繰り返し増やしていった金額とほぼ同じである。この例からも分かるように、平均リターンと複利リターンとはまったく別物であり、投資家が実際に手にできるのは平均リターンではなく複利リターンの金額である。

もしも株式投資の平均リターンは7.3％であるが、複利リターンは５％であると言われたら、その結果は大きく異なる。平均リターンと複利リターンの大きな違いをもたらすのは、「ボラティリティの小鬼（volatility gremlins）」とも言える２つの要因である。それらは投資家が実際に手にする金額を90％以上も変えてしまう。この２つの要因とは「マイナスのリターン」と「リターンのばらつき」であり、これらは平均リターンと複利リターンを大きく変えてしまう。このようにこれらの小鬼は正味のリターンを大きく左右するので、投資家はその悪影響を十分に理解し、できるだけボラティリティを抑えて投資リターンの一貫性を高めなければならない。これができれば複利リターンは大きくなり、逆に株式投資のストレスは小さくなるだろう。

最初のボラティリティの小鬼とは、複利リターンに対するマイナスのリターンの影響である。例えば、ある年のリターンが＋20％、翌年が－20％であったとすると、この２年間の平均リターンはゼロとなる。すなわち、20％－20％＝０％、０％÷２＝０％となり、単純平均リターンは０％である。しかし、実際の投資家の収支は４％の損失になっている。この損失を埋め合わせて収支トントンとするには、次回はそれ以上のリターンを上げる必要がある。例えば、最初の－20％の損失をカバーするには、次回の投資では＋25％のリターンを上げなければならない（初年が＋20％で翌年が－20％になったときと、その逆のケースでも同じ結果となる）。

二番目のボラティリティの小鬼は、平均値に対するリターンのばらつきの影響である。すなわち、一連のリターンが平均値からばらばらに分散していると複利リターンは低下する。例えば、３年間の複利リターンが５％だとすると、その結果は平均リターンが５％のどのケースよりも小さくなることはない（**図5.4**を参照）。３年間のリターンがすべて５％であるとすれば、単純平均リターンと複利リターンはともに５％となる。しかし、初年のリターンが６％、翌年が５％、３年目が４％であるとすれば、単純平均リターンは５％で変わらないが、複利リターンは4.997％に低下する。この小さな数字の差が実は大きな結果の違いを生むことになる。

一般にリターンのばらつきが大きくなれば、それだけ複利リターンは小さくなる。例えば、３年間のリターンが９％、５％、１％であっ

図5.4

ボラティリティの小鬼の悪影響——
マイナスのリターンとリターンのばらつき

	ケース A	ケース B	ケース C	ケース D	ケース E	ケース F
1年目	5.0%	4.0%	9.0%	15.0%	25.0%	30.0%
2年目	5.0%	5.0%	5.0%	−10.0%	−15.0%	−25.0%
3年目	5.0%	6.0%	1.0%	10.0%	5.0%	10.0%
単純平均リターン	**5.000%**	**5.000%**	**5.000%**	**5.000%**	**5.000%**	**5.000%**
複利リターン	**5.000%**	**4.997%**	**4.949%**	**4.419%**	**3.714%**	**2.361%**

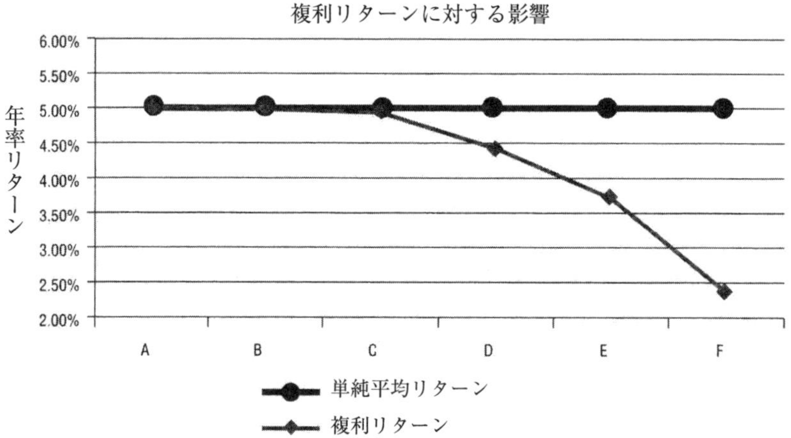

たとすれば、単純平均リターンはやはり５％と変わらないが、実際に手にする複利リターンは4.949％まで低下する。株式市場の実際のボラティリティはこの例よりもはるかに大きいので、複利リターンに対するリターンのばらつきの悪影響は甚大である。年間の変動率が－16％～＋16％と上下32％にも達する期間の割合が全体の50％であるという事実を想起すべきである。ボラティリティが大きくなればなるほど、二番目の小鬼の悪影響はそれだけ深刻になる。

ポートフォリオマネジメント

ポートフォリオマネジメントの最初のルールが分散投資であるにもかかわらず、なぜ多くの投資家がリスクを増大させているのだろうか。投資家の多くは広範な株式や債券を組み入れたポートフォリオを組成することが分散投資であると思っている。こうした考え方は現代ポートフォリオ理論（MPT）の原則に基づいているが、MPTが間違って実行されると安全な投資のロードマップ（道案内）にならないばかりか、ポートフォリオを大きなリスクにさらすことになる。1950年代初めにハリー・マーコビッツが提唱したMPTの基本原則では、分散投資の目的はリターンをもたらさないリスクを取り除くことにあったが、リターンを生み出すリスクは許容するというものだった。その後、ウィリアム・シャープがこの原則を資本資産評価モデル（CAPM）に発展させた。

すべての投資には２つの個別のリスクが存在する。そのひとつはマーケットに内在するリスクで、これはシステマティックリスク（その後「ベータ」と呼ばれるようになった）と言われるもので、分散投資でも取り除くことはできない。もうひとつは個別企業に特有の非システマティックリスクで、これは適切な分散投資によって低減できる。したがって、ポートフォリオの期待リターンを決定するのはマーケットリスクのベータである。CAPMは投資家がリスクを取って投資に臨むとき、ポートフォリオのリターンとリスクの評価に役立つだろう。

MPTとCAPMはこの数十年間に投資ポートフォリオを構築するときの基礎原則となってきた。ポートフォリオのリスクを低減するにはさまざまなアセットクラスに分散投資しなければならないが、数十年前の主な投資対象といえば株式と債券だけであり、その意味ではポートフォリオの分散化はかなり限られていた。それでもMPTとCAPMの革新的な原則がそれ以前の集中投資の考え方から、株式と債券の分散投資に投資家の目を向けさせてくれた功績は極めて大きい。

シャープによれば、（単純に言えば）個別企業に特有のリスクは分散投資で低減できるため、投資家が直面する唯一のリスクはマーケットリスクであり、このシステマティックリスクこそがリターンをもたらす源泉である。これについて投資家の多くは、「リターンの80～90％はマーケット全体の上昇から、残りが優れた銘柄選択からもたらされる」と考えるだろう。実際、もしも投資家がこれらの理論に基づいて完全な分散投資を実行すれば、すべてのリターンはマーケットからもたらされるはずである。すなわち、MPTとCAPMに従って効果的な分散投資をした投資家は、マーケットと完全に連動したリターンを受け取ることになる。

これらの原則は株式と債券の両方に当てはまる。マーケットと連動したリターンをもたらす分散投資された株式ポートフォリオでは、個別企業のリスクが取り除かれると残りのリスクはマーケットリスクだけである。株式投資のリターンは企業の利益成長とPER（株価収益率）の上昇によってもたらされる。PERが上昇すれば株式投資のリターンは急増するが、これはPERの上昇が利益成長の効果を倍増させるからである。一方、PERが低下すると株式のリターンは低下またはマイナスとなるが、これはPERの低下が利益成長のプラス効果を帳消しするからである。

例えば、ここにEPS（１株当たり利益）が１ドル、株価が15ドルの株式があるとすれば、そのPERは15倍（PER＝株価÷EPS＝15÷1）である。もしもEPSが５％増加して1.05ドルとなり、PERが変わらないとすれば、その株価は15.75ドルとなる（株価＝PER×EPS＝15×1.05）。しかし、この利益成長に15倍→20倍のPERの上昇効果が加わると、株価は何と当初価格（15ドル）より40％も高い21ドルとなる（20×1.05＝21）。５％の利益成長がこの値上がり益に寄与したのはわずか８分の１で、残りのキャピタルゲインはすべてPERの上昇によってもたらされたのである。その反対に、EPSが1.5ドルに増加してもPERが15倍から10倍に低下すれば、株価は10.50ドル（10×1.5＝10.50）となり、利益が５％伸びても投資家はこの株式で30％の損失を被る。このように株価と株式投資のリターンを大きく左右するのはPERの動向である。

これと同じことは債券についても当てはまる。個別企業に特有のリスクが分散投資で取り除かれると、債券価格は（金利動向に大きく左右される）債券市場のトレンドと連動する。多くの投資家が経験しているように、金利が低下すれば債券価格は上昇するので、利回りの低下分を補うことになる（金利が上昇すれば、債券価格の下落が利回りの上昇分を帳消しする）。もしも株式60％、債券30％、残り10％をその他のアセットクラスで構成したポートフォリオを組成したとすれば、このポートフォリオは株式と債券市場のリスクを90％も被ることになる。長期的に見ると、この２つの市場は同じトレンドをたどる傾向があるからである。

そうであっても、MPTとCAPMの原則が間違っているわけではない。問題の原因は金融・証券市場が複雑になって、これらの理論の原則がそれに追い付かないことにある。マーコビッツが1952年にMPTを発表したとき、投資可能な証券のパフォーマンスということが大きな問題だったが、その当時の主な投資対象は株式と債券だけだった。その当時で考えられた分散投資とは、株式と債券への分散投資だけだった。1980年代まではミューチュアルファンド（投資信託）はそれほど一般的ではなく、1960年代のその数はわずか300にすぎなかった（現在では１万以上）。それから20年間に投資対象のアセットクラスや投資可能な証券は飛躍的に増加した。現在ではアセットバック証券、外国証券、不動産、オプション、商品、投資信託、ヘッジファンド、インフレヘッジ条項付き国債など広範な投資商品が存在する。

投資家の多くは、株式と債券が上昇トレンドをたどったこの20年間のマーケットと上昇相場しか知らない。株価が押したところは常に買いのチャンスだった。しかし、1970年代以前の相場の傷跡をいまだに引きずっている人たちは、株式と債券市場のリスクがどれほど怖いものなのかを痛いほど知っている。そして現在では株価上昇の原動力であるPERは再び歴史的な高水準に、債券価格を大きく左右する金利は歴史的な低水準にある。この２つの伝統的なアセットクラスについて見ると、リターンよりもリスクの可能性がかなり高い。

最近の証券業界では、MPTとCAPMの重要な柱であるユージン・ファーマの効率的市場仮説（EMH）を発表された当時ほど厳密に適用しなくてもよいと考えるようになった。金融市場とは効率的な状況というよりは、適正な価格決定の効率的なプロセスである。換言すれば、株式市場では長期的には適正株価に落ち着くが、いつでもすべての情報を反映するわけではない。例えば、オルタナティブ投資を駆使するヘッジファンドなどは、マーケットのミスプライス（価格の歪み）と非効率性を利用して利益を上げ、結果的にマーケットの効率性に寄与している。マーコビッツの理論に戻って言えば、ポートフォリオの分散投資とは投資証券ではなく、投資に伴うさまざまなリスクを対象としている。さまざまな投資対象が数多く存在しているのに、多くの投資家がいまだに（株式と債券という）２つのアセットクラスのリスクだけにポートフォリオをさらしているのは、それ以外の代替投資商品について知らなすぎるからである。

２つの投資手法の異なる前提

相対リターンの投資の考え方は主にハリー・マーコビッツの現代ポートフォリオ理論（MPT）、ユージン・ファーマの効率的市場仮説（EMH）、ウィリアム・シャープの資本資産評価モデル（CAPM）という３つの理論に基づいている。簡単に言えば、MPTとは「リスクを嫌う投資家が一定のマーケットリスクの見返りとして最大の期待リターンを上げるために、どのようなポートフォリオを構築すべきか」という問題を追究したものである。一方、EMHの趣旨は証券価格にはすべての公開情報が織り込まれるので、投資家がミスプライスされた証券を見つけることはできないというものである。さらにCAPMは最適なリスクとリターンのバランスを保つポートフォリオの構築という問題にひとつの考え方を示した。

この３つの投資理論は多くの大手機関投資家に大きな影響を及ぼした。リスク、マーケットの効率性、投資の考え方、ポートフォリオの構築などについて貴重な洞察を与えたからである。投資マネジメントとポートフォリオの構築に深く関連するMPTとCAPMでは、投資家は極めて合理的に行動すること、そしてマーケットの効率性という２つの考え方が大きな前提になっている。そこではまた、将来の期待リターンに関する前提を決めるのは投資家自身であるというのが基本的な考え方になっている。マーコビッツは1952年にジャーナル・オブ・ファイナンス誌に発表した「ポートフォリオの選択」と題するMPT論文の冒頭で次のように述べている。

「ポートフォリオの選択プロセスは２つの段階に分けられる。最初の段階は観察と経験に始まり、投資可能な証券の将来のパフォーマンスに関する確信で終了する。二番目の段階は将来のパフォーマンスに関する適切な確信で始まり、ポートフォリオの選択で終了する」

ここで強調されているのは、投資可能な証券を選別し、それらの将来のパフォーマンスに関する確信を決定するのは投資家自身であるということである。したがって、もしもある証券の価格が相対的に割高な水準にあるときは平均以下のリターンしか期待できず、その証券については平均以下のリターンというのが投資の前提になる。そのときに平均リターンということを投資の前提にするならば、MPTの結論は間違ったものになる。将来のリターンを予想することは常に大きなチャレンジであるが、あまりにも多くの投資家がそのときの株価水準に基づいて将来のリターンを推計する代わりに、ヒストリカルな平均リターンをその計算のベースとしている。平均以下のリターンしか期待できない相場環境のときでも、投資家はポートフォリオのリスク度を過小に評価しがちである。

結論――投資家に対するアドバイス

あらゆる投資に内在するリスクと予想リターンを適正に評価し、慎重で合理的な決断を下すこと。そして許容できないリスクは回避し、コンスタントな利益を確保できるようなポートフォリオを組成すべきである。伝統的な相対リターンの投資法はもとより、スキルに基づく絶対リターンを追求するアプローチにもリスクは付き物である。賢明な投資家はこうしたリスクと投資の基本的な前提を十分に理解し、望ましくないリスクは軽減またはヘッジするなど、ビジネスライクなアプローチを心掛けている。投資家は予想外のリスクや意図しないリスクから損失を被ることも少なくないが、変化してやまない相場のリスクに慎重に対処するには、優良企業を数多く組み入れた堅牢なポートフォリオを組成するのも一法である。

リスクが現実の損失になれば、これまでに上げたリターンや将来のリターンの価値は大きく損なわれる。損失の悪影響は利益の力よりもはるかに大きく、大きな損失をカバーするにはそれ以上に大きな利益を上げなければならない。さらにリスクとリターンのばらつきが大きくなれば、複利リターンは大きく低下する。株式の長期投資は損失にならないと主張する専門家には十分に注意するように。インフレと増大する負債のマイナス分を埋め合わせるには、安定した利益を上げる以外に方法はない。長期的に収支トントンである株式投資は実際には損失である。

　ハリー・マーコビッツが提唱した現代ポートフォリオ理論の最初の原則が、自らの責任において投資するということだったのを思い出してほしい。こうした前提に立って合理的に投資のリスクを評価すれば、分散投資による適正なポートフォリオを組成することができるだろう。くれぐれも長期的な平均リターンを株式投資の前提にしないように。リスクはすべての投資に内在しているが、リスクを取ることが必ずしもリターンを得るための条件ではない。

第6章

投資の心理――考えることを考えるための投資ガイド

Psychology Matters : An Investors' Guide to Thinking about Thinking

　ジェームス・モンティアは、ロンドンを本拠とするドレスナー・クラインオート・ワッサースタイン証券のグローバル株式ストラテジストである。弱冠33歳の彼は『行動ファイナンスの実践』（ダイヤモンド社）を著したのをはじめ、その後も投資決定プロセスにおける人間の心理的な側面にスポットを当てた書籍や研究・リサーチ論文も数多く執筆している。モンティアはこの10年間に証券市場で働く人々を訓練してきたエコノミストでもある。日本や香港などにも頻繁に訪れて熱心に訓練活動を展開しているほか、イギリスの大学で行動ファイナンスも教えている。――ジョン・モールディン

投資の心理——考えることを考えるための投資ガイド

ジェームス・モンティア

投資とは選択と決断をすることであるが、それがどのように行われるのかについて考える投資家はほとんどいない。例えば、新しいオーブンを買ったときのことを想像してみよう。箱からオーブンを取り出し、プラグをコンセントに差し込み、そして何かを料理するだろうか（あなたが男性の回答者であれば、ときにマニュアルを見ながらも「はい」と答えるだろう）。しかし、実際の答えは「いいえ」である。というのは、オーブンを買うことと料理ができることはまったく別のことであるからだ。これと同じように、われわれは単純に脳があるので、それを完全に使いこなせると思っている。われわれが決断を下すとき、頭のなかでは何が起こっているのだろうか。決断のプロセスを知るには、脳の働きを理解することが不可欠である。最近の認知心理学の発達で思考の二重プロセスの理論が明らかになってきた。こう言うともののすごく難しそうに聞こえるが、それは単にわれわれの思考には2つの方法があるということを言っているにすぎない。

スポックとマッコイの思考法

人気のテレビ番組「スタートレック（宇宙大作戦）」にはスポックとドクター・マッコイという２人の主役が登場するが、マッコイは人間の感情をそのまま表現する人間味あふれる人物。一方の（地球人と異星バルカン人の間に生まれた）スポックは人間の感情を押し殺し、すべてを論理的な観点から見ようとするロジカルな人物である。マッコイの思考法は主に脳の感情をつかさどるシステムXに基づいており、受け取った情報は自動的に努力なしに処理される。すなわち、システムXでは受け取った情報を意識的に自覚する（心にそのインパクトを印象づける）前に脳のスクリーンに映し出す。このシステムはいわば情報を連想的に処理するデフォルトオプションにようなものである。その判断は物事の外形の類似性、時間の近似性に基づいている。それは、膨大なデータが同時に処理される（コンピューター用語で言う）並列処理方式である。そこでは何かが本当であると思うと、単純にそれを望んでいるとみなされる。

一方、バルカン人の思考法のベースとなっているシステムCを使うには意図的な努力が必要である。そこでは情報は論理的かつ推論的に処理され、思考は一歩ずつ時間をかけて進められる。コンピューター用語で言えば、ゆっくりした逐次処理の方式である。このシステムCに物事の真実さを納得させるには、論理的な理由や経験に基づいた証拠が必要である（**表6.1**はこの2つのシステムの主な相違点をまとめたものである）。こうした2つの脳の思考法については、神経科学者による最近の研究でも裏付けられている。それによれば、脳の各部分は特定の機能を担っていることが解明されており、神経科学者たちは脳波図や陽電子放射断層撮影（PET）、また最近では機能的磁気共鳴画像（fMRI）などを使って被験者の脳の働きを調べている。**表6.2**はこうした2つの思考システムに関係する主な神経系統を示したもので、人間の脳のなかではシステムXのほうが進化するのに長い時間が必要であると言われる。

表6.1

２つの思考システム

システムX―経験的／反射的／直感的	システムC―理性的／思索的
全体的	分析的
情緒的	論理的
連想的 (類似性や時間的な近似性に基づく判断)	推論的
速い並列処理	遅い逐次処理
具体的なイメージ	抽象的なイメージ
進化するのが遅い	思考のスピードに応じて進化する
大ざっぱな識別	高度な識別
大ざっぱな総合化	高度な総合化
受動的で前意識的な経験に基づく	積極的かつ意識的な経験に基づく
自動的で努力が要らない	コントロールされ、努力が要る
自明の論理 (経験とは信じること、 望むとは信じることなど)	正当化には論理と証拠が必要

出所＝エプスタイン(1991年)

表6.2

２つの思考システムに関係する神経系統

システムX	システムC
小脳扁桃 脳底神経節 側部側頭皮質	前部帯状束皮質 前頭葉皮質 内側側頭葉

出所＝ドクターKW・マクロ・リサーチ

感情の経路

このようにシステムXが進化するには長い時間がかかることは、情報を処理する方法を見ても明らかである。われわれは論理を必要とする前に感情を必要とするが、こうしたことは恐怖に対する人間の反応を見るとよく分かる。恐怖はわれわれが最も理解しやすい感情のひとつであり、それは２つの神経経路によって伝えられる。ジョゼフ・ルドゥーによれば、そのひとつは「ローロード（low road）」と呼ばれる感情的で素早い経路、もうひとつは「ハイロード（high road）」と呼ばれる思索的かつ論理的な経路である。この２つの思考経路を説明すると次のようになる。

例えば、あなたがヘビの入ったガラス容器の前に立っているとしよう。ヘビは頭をもたげ、その危険を察知した知覚視床はその情報を処理し、そこから２つのシグナルが発せられる。そのひとつはローロードを通ってシステムXの神経系統である小脳扁桃（恐怖や攻撃の危険性などをつかさどる大脳辺縁系）に、もうひとつのシグナルは恐怖や危険などを感知する脳中枢に送られるが、小脳扁桃が素早くそのシグナルに反応してあなたを後ずさりさせる。そして（ハイロードを通った）二番目のシグナルは知覚皮質に伝えられて、いっそう意識的にその恐怖の度合いなどを判断する（例えば、あなたとヘビの間にはどれくらいの厚さのガラスがあるのかなど）。しかし、生き残りという観点から見ると、論理的な判断よりは感覚的な反応のほうがはるかに重要である。

感情とは体、それとも脳で感じるのか

多くの人々は、感情は出来事や行動に対する意識的な反応であると思っている。すなわち、何かが起こると脳が悲しみ、怒り、幸福感な

どの感情的な反応を示し、次に体に具体的な反応の仕方（涙を流す、血圧が上がる、胸がどきどきするなど）を命じるというものである。近代心理学の父であるウィリアム・ジェームズは、実際は体から脳に反応が伝えられると主張した最初の心理学者だった。ジェームズによれば、脳は出来事に対してあまりにも素早く反応するため、われわれはそれについてどのように感じるべきかを意識する時間がない。その代わりに脳は体を精査し、その反応の結果（発汗や胸の高鳴りなど）を受け取り、体が引き起こす肉体的なシグナルに対応した感情を示すという。

このことを自分で試したい人は、体験したい感情に見合った顔を作ってみなさい。例えば、顔に笑みを浮かべてハッピーな気分になりたい人は笑みを作ることに意識を集中すると、それに見合った幸福な気分を感じ始めるだろう。これについて、エプリとギロビッチは決断に対する体の反応に関するおもしろい実験をしている。彼らは被験者にヘッドホンを渡し、ある質問に対して首を縦か横に振るいずれかの反応をするようお願いした。その結果、首を縦に振った人は横に振った人よりも積極的な感情が高まってきたという。ギルバートとギルによれば、われわれは「瞬間的なリアリスト」である。つまり、われわれは最初の感情的な反応を信じ、そのあとで時に努力して当初の反応を訂正する傾向があるという。例えば、岩に足のつま先が当たったり、部屋のはり（梁）に頭をぶつけたとき、自分の不注意にもかかわらず、そうした生命のない物を罵ったりすることがよくある。

感情は良い、悪い、それともその両方か

しかし、何らかの決定を下すには感情が必要である。交通事故や大きな手術などの影響で脳の感情中枢にダメージを受けた人々がいるが、これらの人々はもはやホモエコノミクス（完全に合理的な人間）には

表6.3

ゲームの結果

	回数(回)		生き残りの確率(%)	
	実験対照者	病人	実験対照者	病人
ペナルティーが与えられる前	0–10	0–10	100	100
直感が働く前	10–50	9–80	100	100
直感が働いたあと	50–80		100	
概念が確立したあと	80+	80+	70	50

出所＝ビシャーラなど(1997年)

なり得ない。彼らは決定を下すことができず、計画だけはいくらでも立てられるが、それを実行することができない。ビシャーラたちは、いわば感情のないこれらの人々がどのような行動を取るのかについてある実験を行った。脳の感情中枢に障害を持つ病人と、健常者である実験対照者の双方にギャンブルゲームをさせたのである。各被験者の前にA、B、C、Dという４組のカードを置き、それぞれに2000ドルを与える。このゲームの目的はこの資金を失わずにできるだけ多くのお金を稼ぐことにある。被験者がカードをめくるごとに利益や損失が確定する。被験者にはめくったカードの結果と得点（失点）は知らされない。

Ａ～Ｂ組のカードをめくったときは100ドル、Ｃ～Ｄ組のカードでは50ドルが与えられる。ただし、連続してＡ～Ｂ組のカードをめくったときは保有金を全額返還するというペナルティーが与えられるが、連続してＣ～Ｄ組のカードをめくれば保有資金は２倍になる。このゲームは、①どのカードをめくっても損失とはならない（ペナルティーが与えられる前の段階)、②被験者はゲームの規定が分からず、各組のカードをめくった結果について何の感情も抱いていない、③実験対照者だけが直感的にＡ～Ｂ組のカードはリスキーであると感じ始めた、④ そうした概念ができた段階ではいずれの被験者もＡ～Ｂ組のカー

図 6.1

良いカードと悪いカードをめくった実験対照者の平均回数

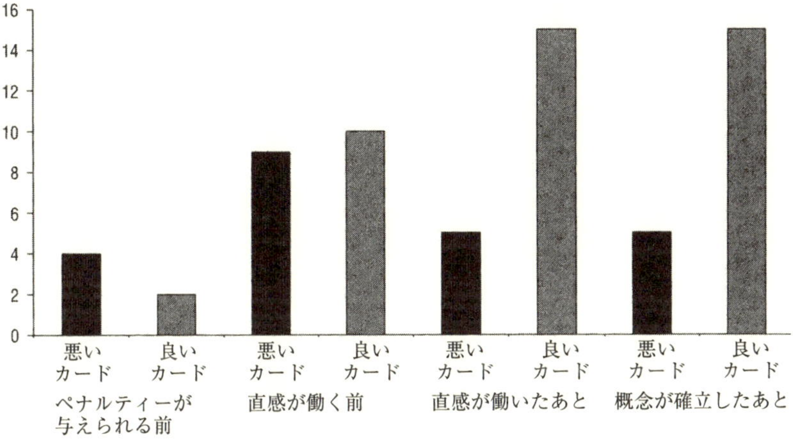

出所＝ビシャーラたち (1997 年)

図 6.2

良いカードと悪いカードをめくった病人の平均回数

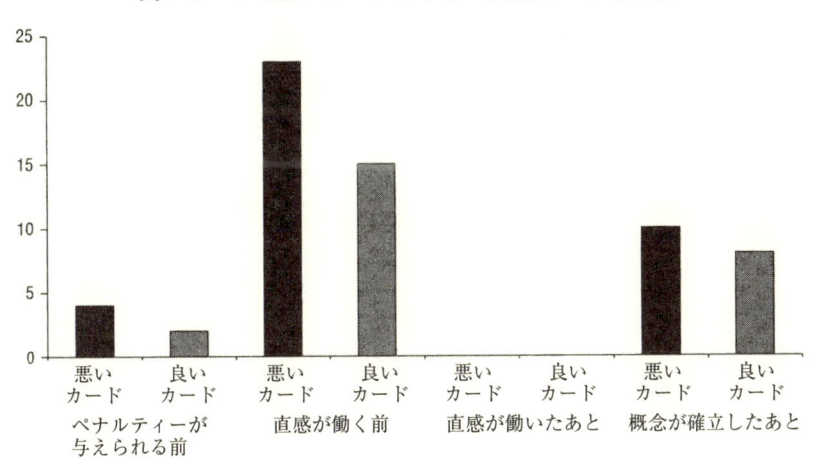

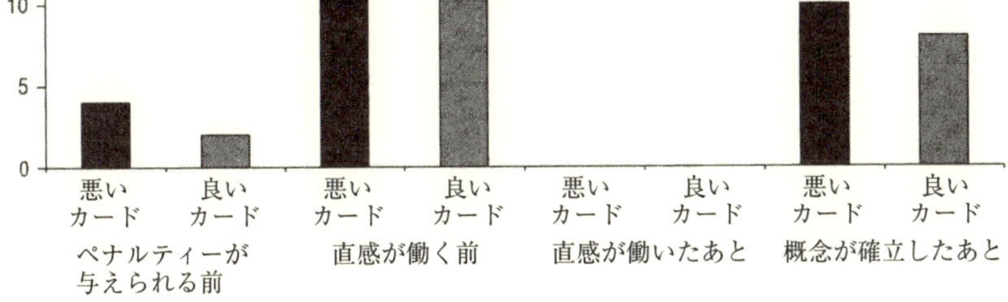

出所＝ビシャーラたち (1997 年)

ドがリスキーであると感じている——の４つの段階で行われた。**表6.3**、**図6.1**、**図6.2**はその結果をまとめたものである。

図6.1はＡ～Ｂ組の悪いカードとＣ～Ｄ組の良いカードをめくった実験対照者の平均回数を表したものである。それによれば、ペナルティーが与えられる前の段階では悪いカードをめくる回数が良いカードをめくる回数をわずかに上回っているが、直感が働いたあとは良いカードをめくる回数が逆転している。一方、病人の結果を表した**図6.2**によれば、ペナルティーが与えられる前とあとの段階でも、悪いカードをめくる回数が良いカードをめくる回数をいずれも上回っており、直感を働かせるという段階ではデータそのものがない。おそらくこれらの病人はＡ～Ｂ組のカードは悪いカードであると知りつつも、無意識的にこれらのカードをめくってしまうのだろう。頭のなかでは良いカードが分かっていても、感情をコントロールする能力がないので、考えたことを実行することができないと思われる。

一方、ビシャーラたちは情緒面に障害を持つ人と持たない人に対して感情がどのような影響を及ぼすのかを確認するため、先と同じような投資ゲームの実験を行った。各被験者には20ドルが与えられ、ゲームのそれぞれの段階で１ドルを投資するかどうかの決定を下すようにお願いする。投資しないと決めた人は次の段階に進むが、投資すると決定した被験者は実験者に１ドルを手渡す。実験者はその被験者の前でコインを投げ、表が出たらその１ドルをもらい、裏が出たらその投資者に2.5ドルを与える。こうしたゲームを20回繰り返す。ビシャーラたちはこの投資ゲームを、①健常者、②恐怖をつかさどる神経回路に障害を持つ人（恐怖を感じない病人）、③恐怖の神経回路に障害はないが、脳の別の部分にほかの障害を持ち、大きな恐怖を感じる人々（実験対照者）——の３つのグループの人々について行った。

その結果、投資決定を下した比率は恐怖を感じない病人が83.7％、健常者が62.7％、実験対照者が60.7％だった。それらをまとめた**図**

図6.3

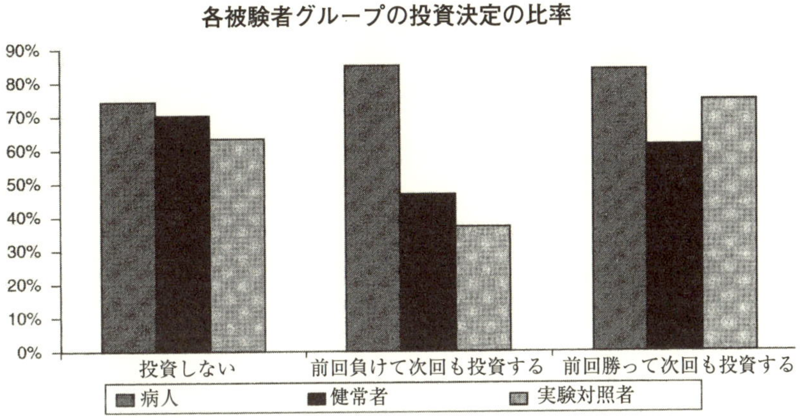

出所＝ビシャーラたち（2004年）

6.3によれば、健常者と実験対照者（大きな恐怖を感じる人々）は前回に負けたときはもちろん、たとえ勝っても次の投資ではリスクテークに対して尻込みする傾向が見られた。これに対し、神経回路に障害を持つ人（恐怖を感じない病人）は前回に負けても次も勝負に出る比率は85.2％、健常者のその比率はわずか46.9％だった。ビシャーラたちの実験結果は、感情面に障害を持つ人々は学習することが極めて難しいことを裏付けている。一般に人間は時間の経緯とともに積極的になるものだが、実際には健常者たちは前回にどのような結果が出ても次の投資には消極的になっている（**図6.4**を参照）。なお、合理的な投資家は毎回投資に参加するだろう。

　このように感情は人間の行動を促したり、抑制したりする。感情がなければリスクを感じることはできないが、感情があってもリスクに伴う恐怖をコントロールすることはできない。キャメラーたちは経験の度合いに応じた感情の影響について次のように述べている。「経

図 6.4

各被験者グループの投資参加比率の推移

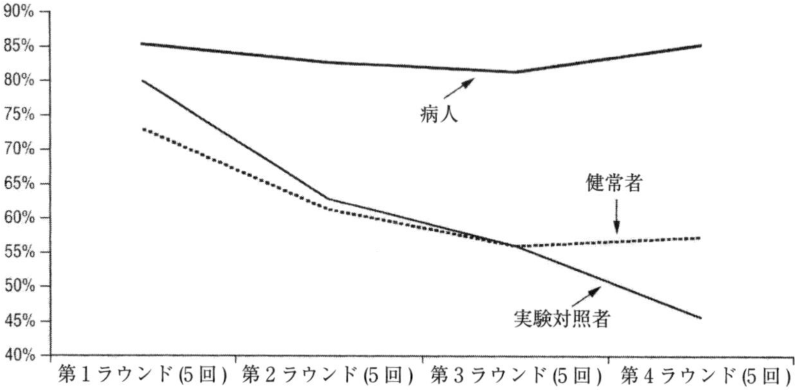

出所＝ビシャーラたち (2004 年)

験の程度が浅い段階では、感情は行動の助言的な役割しか果たさない。多くの理論によれば、感情はわれわれが決定を下すときにインプットとして作用する情報を提供する。……経験の程度が中段階になると、人間は認識と感情のインプットの間で葛藤し始める。この段階では自制心によってそれをコントロールしようと努力する。……最後の高い経験段階になると、感情の影響が強すぎて意思決定はほとんどできない。普通は車の下で寝ようとする人はいないが、この段階にある多くの人々はそうした行動を取ってしまう。強い感情のモチベーションに支配されているこれらの人々は、自分をうまくコントロールすることができない。……リタ・カーターはその著『脳と心の地形図』（原書房）のなかで、思考と感情が対立すると、脳の神経回路は感情が勝つようにデザインすると述べている」

感情に支配された状況下で何かを成し遂げることは極めて難しく、心理学者たちはこうした状態を「暑さと寒さの共感ギャップ（hot-cold

図 6.5

女性にセックスを強制する確率

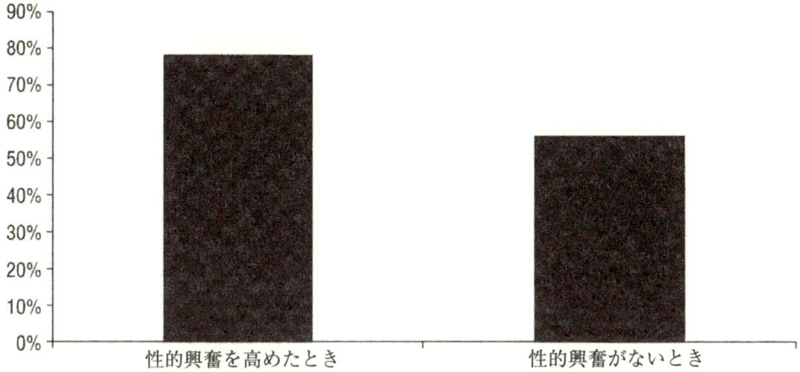

出所＝ローエンスタインたち (1997 年)

empathy gap)」と呼んでいる。つまり、われわれがリラックスして感情を自由に解き放すと、どのように行動してよいのかが分からなくなるという。これについてローエンスタインたちが興味ある実験を行っている。彼らは男子学生のグループに感情が高ぶったときと冷静なときに、学生たちがどのような性的行動を取るのかを見ようとした。学生たちはバーでハントした女の子（友だちからすぐに体を許すと言われているような女性）を自宅に連れ込み、一緒にソファーに座っている。学生は女の子の服を脱がせるようとするが、彼女は今日はセックスをしたくないと言う。この学生が次に取る行動は、①女性を口説いて服を脱がせる、②彼女が抵抗しても強引にセックスする――のどちらかである。**図6.5**はそのどちらかの可能性を報告させたもので、性的興奮のない状態では女性にセックスを強制する確率は平均して56%だった。次にポルノを見せて性的興奮を高めると、その確率は80%近くに跳ね上がった。

自制心は筋肉のようなもの

多くの心理学者たちの調査結果によれば、残念なことに自制心によって感情的な反応を認識プロセスに変える人間の能力には限界がある。自制心は使うたびにその威力が衰えていくという。これについて、バウマイスターたちは次のような実験を行った。被験者は実験が始まる前の3時間は食事をしないように言われ、そのあとに3つのグループに分けられた。最初のグループは焼きたてのクッキー、甘い香りが漂うチョコレートチップ、皿に刻んだ大根が盛られた部屋に入れられる。彼らは5分間にできるだけ多くの大根を食べるように、そしてクッキーには手を付けてはならないと言われた。二番目のグループも同じ条件の部屋に入れられたが、自由にクッキーを食べてもよい。三番目のグループは何もない部屋に入れられた。

すべての食べ物が片付けられたあと、各被験者に問題を解かせた。その問題とは一度書いた線を直したりしないで、一筆書きで幾何学的な形のものを書かせるというものだった。被験者はだれもこの問題をクリアできなかったが、実験の目的はこの問題の解答をあきらめるまでの時間と何回挑戦するのかを調べることにあった。その結果によれば、大根を食べた被験者グループ（クッキーが食べたいという欲望を抑えるために多くの自制心を使った人々）は、クッキーを食べた人や何もない部屋に入れられた人よりも半分以下の時間で早々と問題にチャレンジすることをあきらめてしまった。さらにもう一度問題に挑戦しようとする意欲も、ほかの2つのグループの人々に比べてはるかに弱かった（**図6.6**を参照）。

バウマイスターはこの実験結果から、次のような結論を引き出している。

1. 感情的なストレスが高まると、人々はリスクは大きいが、利益も大きい方法を選択する（客観的に見てあまり賢明な方法では

図 6.6

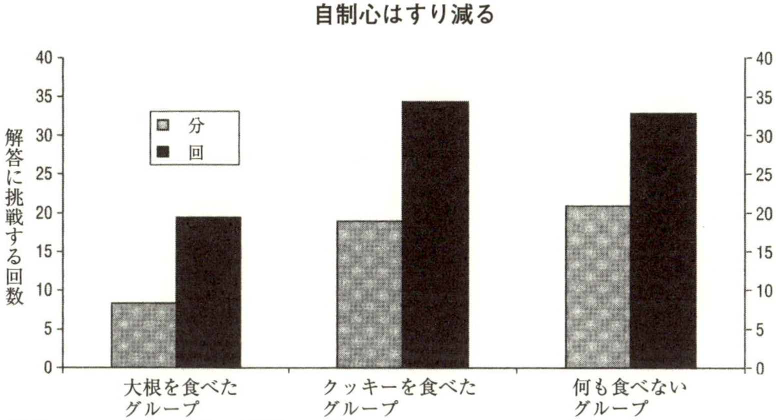

出所＝バウマイスターたち (1998 年)

ない)。これは感情的なストレスのために、物事の是非をよく判断できないことを意味する。

2．自尊心が傷つけられると、人々は心が動揺して自分を抑えることができなくなる。特に自分を高く評価している人はプライドが傷つけられると大きく動揺し、日常生活の合理的な判断ができなくなって、何か素晴らしい自分を見せたいような衝動に駆られる。

3．私利私欲の行動を抑えるには自己統制が必要であるが、それが利かなくなると、長期の見返りの代わりに目先の快楽を求めるといった自滅的な行動に走る。自己統制は人間の力やエネルギーのように量に限りがあるため、少しずつ調整して使用しなければならない。

4．選択や決定を何回も行うと、自己統制という資源は急速に枯渇する。一連の重要な決定を行うことによってこの資源が枯渇すると自我は疲弊し、その後の決定はバカバカしいものだったり、その代償はかなり大きいものとなる。

5．帰属願望は人間の基本的なモチベーションのひとつであり、対人関係がうまくいかないなどの理由でこの願望が満たされないと、人間は正しい行動ができなくなる。その結果、訳の分からない自滅的な行動が目立つようになる。

私はこの実験結果を読んだとき、これらはすべて投資家にも当てはまると思った。例えば、成績の振るわないファンドマネジャーはこれまでの損失分を取り戻そうと、リスクは大きいが、その分大きな利益が見込める勝負に出たがるものである。自尊心が傷つけられたこうしたファンドマネジャーのケースは、まさに上記の２のケースに該当する。こうしたファンドマネジャーは次第に近視眼的になり、目先の利益を追求するようになる。振るわないポートフォリオでさらに損失が膨らむと、こうした傾向はいっそう顕著になる。このような非合理的な心理を形成するあらゆる要因が、そのファンドマネジャーのすべての行動に見られるようになる。

脳の適応性

感情に支配されると自分自身をコントロールできなくなるが、感情がなければ決定を下すことはできない。われわれは目先の利益を追い、群衆と同じ行動を取る傾向がある。こうした誘惑を抑えるのが自制心であるが、それも使い続けると次第に枯渇してくる。しかし、自制心という資源がまったくなくなるわけではない。これまで脳細胞の数は一定で、それらは時間の経緯とともに減っていくと考えられていたが、最近の研究ではそうではないことが分かった。われわれ人間は一生の間に新しい脳細胞を再生することができるのである。

さらに脳は特定の形として固定していないことも突き止められた。

それはちょうどクモの巣のようなもので、一部の糸はほかの糸よりも太くなっていくという。すなわち、脳がある回路を使い続けるとその糸は太くなっていく。その糸が太くなるにつれて、脳はいっそうその回路を使うようになるという。したがってわれわれが精神的に悪い習慣を身につけると、それは次第に強固なものとなる。しかし、人間はそれらの回路（ニューロン神経単位）を再配置することができる。これが脳の学習であり、適応性とも呼ばれる。われわれ人間は運命づけられた存在ではなく、新たに学習することができる（もちろん、それは簡単ではないが）。

その最初のステップは、心理学者が「ヒューリスティック（heuristics）」と「バイアス（bias）」と呼ばれるものにわれわれがとらわれやすいという事実を認識することである。ヒューリスティック（問題解決の簡便法・近道）とは膨大な情報をうまく処理するための経験則のようなものであるが、それはよく合理的な決定を妨げる。一方、われわれはバイアス（偏見）を抱いていないと考えているが、現実はけっしてそうではない。プロニンたちは平均的なアメリカ人だけでなく、被験者たちもどれくらい特定のバイアスを抱いているかについて興味ある実験を行っている。これはさまざまなバイアスがリストアップされた表を見て、被験者がそのバイアスにとらわれていると考える程度を点数で表すというものである（９点満点）。**図6.7**はその結果をまとめたもので、それを見ると被験者自身は平均的なアメリカ人よりもバイアスにとらわれていないと考えている。すなわち、平均的なアメリカ人のスコアが6.75点であるのに対し、被験者自身は5.31点にとどまっている。プロニンたちはこうした統計上の差を「盲目的なバイアス（bias blind spot）」と呼んでいる。

図 6.7

自分と平均的なアメリカ人はどの程度バイアスにとらわれているか

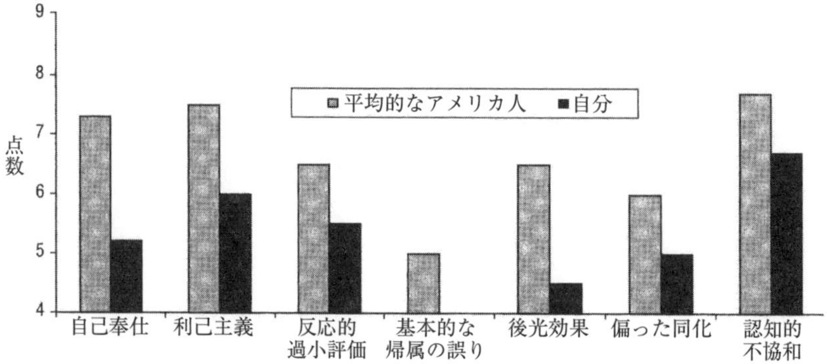

出所＝プロニンたち (2002 年)

さまざまなバイアス

心理学者たちは何年もかけてわれわれがとらわれているバイアスについて研究を進めた結果、それらは文化や国の違いによって極めて多岐にわたることが明らかになった。ヒルシュライファーによると、これらのバイアスを形成するのは主に自己欺瞞、ヒューリスティックによる単純化、感情、社会的行動の４つであるという。**図6.8**はわれわれがとらわれている主なバイアスを分類したもので、以下では投資に関係する最も重要な10のバイアスについて検討する。

バイアス１　情報が多いほど多くのことを知っている！

まず最初に、①あなたは平均以上のドライバーですか、②仕事では平均以上に有能ですか、③平均以上に人を愛していますか――という

図 6.8

バイアスの分類

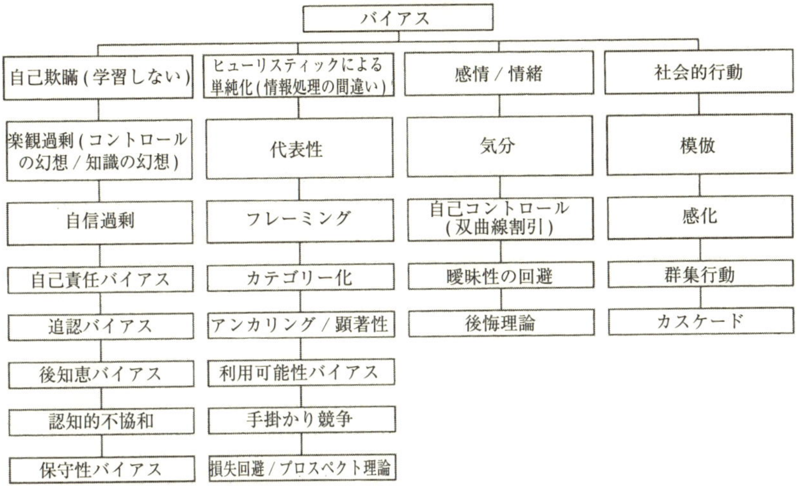

出所＝ドクター KW・マクロ・リサーチ

３つの質問をする。私は多くの人々にこの質問を行ったが、③の質問に「平均以下」と答えた人が１人だけいた。それは私の同僚のひとりで、彼は緊急な支援を求めていた。なぜこのような変な質問をしたのかお分かりだろうか。それはわれわれがとらわれやすい最も一般的な２つのバイアス、すなわち楽観過剰と自信過剰について知りたかったからである。この２つのバイアスは、コントロールの幻想と知識の幻想がベースとなっている。

知識の幻想――情報は多ければよいというものではない

知識の幻想とは、情報が多ければそれだけ正確な予想ができると思うバイアスである。こうした間違った考えについて、ダニエル・ブア

図 6.9

データ量と競馬予想屋の予想の正確さ・その自信度

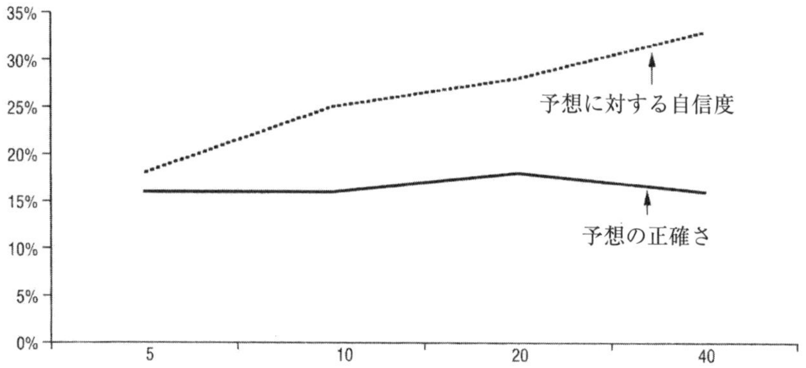

出所＝スロビック（1973 年）

スティン（アメリカの歴史家）は「発見の最大の障害は無知ではない。それは知識の幻想である」と述べている。それが意味するものは情報は多ければよいというものではない、大切なことはどれくらいの情報を集めるかではなく、収集した情報をどのように利用するのかである。これについてポール・スロビックが有名な実験をしている。

この実験では８人の熟練した競馬予想屋に、各競走馬のこれまでの成績に関する88のデータが記載されたリストを提示する（馬の体重、勝利したレース数、さまざまなコンディションでの成績など）。競馬予想屋は重要度に応じてこれらのデータをランク付けする。そのあと予想屋には過去40回のレースに関するデータが提供され、各レースの上位５位の馬を言い当てるよう求められる。各予想屋は最も重要であると考えるデータを５、10、20、40と増やしていく。そのデータ量の各段階についてレースの結果を予想するのだが、その予想に対する自信度も記載するよう求められる。**図6.9**はその結果をまとめたもので、データ量の多寡に応じて予想の正確さとそれに対する自信度が変化し

図6.10

有望銘柄選択の正確さと自信度

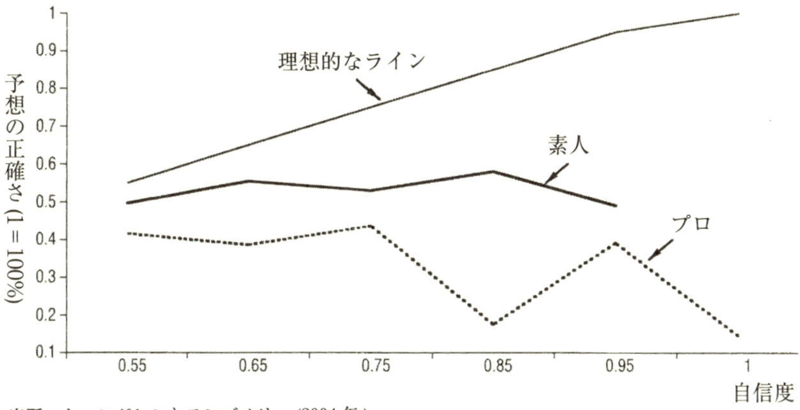

出所＝トーングレンとモンゴメリー (2004年)

ているのが分かる。

これを見ると、予想の正確さはデータ量とは関係なく横ばい傾向になっているが、予想の自信度のほうはデータ量が多くなるにつれて上昇している。競馬の５つのデータでは予想の正確さとその自信度との間に密接な相関関係が見られるが、さらにデータ量を40に増やしても予想の正確さはほぼ15％の横ばいで推移しているのに対し、予想の自信度のほうは30％以上に上昇している。これを見ても情報は単に多ければよいというものではなく、大切なことは情報をどのように利用するのかである。こうした実験結果を紹介しても、多くの投資家は相変わらず多くの情報を収集することをやめないだろう。そしてさらに驚くべきことは、競馬予想屋と同じくプロの投資家も自分の予想にかなりの自信を持っているが、その結果は当てずっぽうの投資よりもひどいのである。

図6.10はトーングレンとモンゴメリーが行った実験の結果を示したもので、被験者はいくつかの株式から各月に最も大きく上昇すると

図6.11

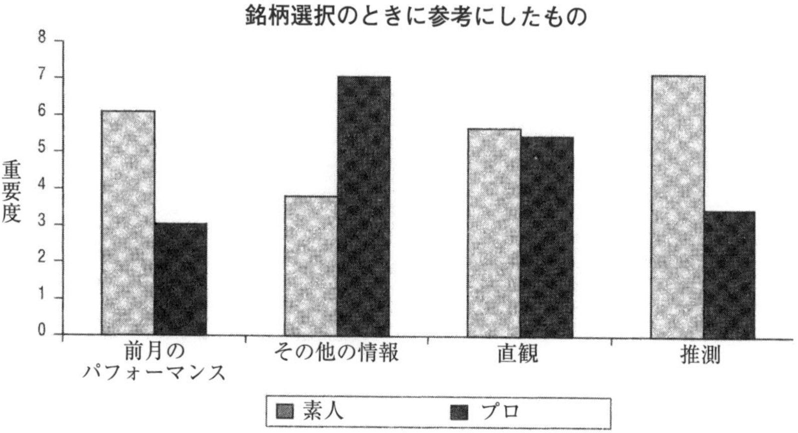

出所＝トーングレンとモンゴメリー（2004年）

予想される銘柄を選ぶように求められる。それらの株式はいずれも有名なブルーチップで、被験者はそれらの名前、業種、直近12カ月間のパフォーマンスなどはよく知っている。実験には素人（心理学専攻の学生）とプロの投資家（ファンドマネジャー、アナリスト、証券マンなど）が参加し、有望銘柄を選択したときにその結果に対する自信度も報告するように言われた。

その結果は、両方の被験者グループの成績は完全な偶然よりも悪かった。すなわち、単にコインを投げて投資した結果よりもひどかったのである。そしてさらに驚くべきことは、プロの銘柄選択の結果が素人の結果をわずかに下回ったことである。例えば、プロが自分の予想は100％正しいと思っても、実際には15％を下回る正確さでしかなかった。このことは専門家は一般人よりも多くのことを知っているが、それ以上に一般人よりも自分の予想に自信を持っているという心理学者たちの多くの実験結果を裏付けている。一方、これらの被験者たちは自分で決定を下すときに使ったものを報告するよう求められた。**図6.11**はそれらをまとめたもので、素人は主に推測によって決定しているが、以前のパフォーマンスも参考にしている。これに対し、プロはそれ以外の情報に基づいて有望株を予想している。

コントロールの幻想

コントロールの幻想とは、実際にはコントロールできない出来事の結果に対して影響力を持つというわれわれ人間の錯覚である。例えば、ランダムな数字よりも自分で選んだ番号の宝くじのほうが4.5倍も当たる確率が高いと思っていることなどである。またわれわれはコイン投げのとき、あたかも空中で回っているコインをコントロールできるかのように、自分で予想した表裏のいずれかが出ると思い込んでいる。これを情報に当てはめてみると、われわれは多くの情報を入手すると、それだけその出来事の結果を正確に予想できると思ってしまう。

バイアス２　インパクトの大きい情報はそれだけ大きな重要性を持つ！

すべての情報にはインパクトと重要性という２つの要素がある。この２つを混同すると過剰反応や過小反応を引き起こす。例えば、ある企業の人事担当者が求人募集の応募者と面会し、彼の履歴書を見せてもらったとしよう。そこにはその応募者のこれまでの輝かしい経歴と推薦文が添付されていたが、それを書いたのは彼の母親であった。その場合、履歴書に書かれていた情報のインパクトはとても大きいが、母親が書いたという点でその情報の重要性はかなり低くなる。トバスキーとグリフィンによれば、一般に大きいインパクトと小さい重要性を持つ情報は過剰反応、その反対に小さいインパクトと大きな重要性

表6.4

情報の２つの要素

		重要性	
		大きい	小さい
インパクト	大きい	―	過剰反応
	小さい	過小反応	―

出所＝ドクターKW・マクロ・リサーチ

を持つ情報は過小反応を引き起こすという（**表6.4**を参照）。

投資家は情報のこの２つの要素をよく混同するようだ。例えば、ある企業が復配または無配を発表すると、投資家はそれに過剰に反応する傾向がある（つまり、その情報の重要性を正しく理解しない）。確かに配当政策の変更は大きな重要性を持つが（企業は配当政策を軽々に変更することはない）、最近の株式投資家は配当をあまり重視していないので、そのインパクトはそれほど大きくはないだろう。一方、投資家は将来の利益見通しよりも、これまでに高い利益成長率を上げてきた企業には過剰に反応し、その企業に大きな信頼を寄せてしまうものである。

バイアス３ 私の望むものを見せてください！

われわれ人間には自分の考えに合致するような情報を探し求めるという悪い習性がある。自分の考えに合わない情報ではなく、自分の意見を正当化してくれるような情報を求めることを「追認バイアス（confirmation bias）」と言う。イギリスの哲学者カール・ポッパーは科学の哲学に関する自著のなかで、自分の意見の正否を検証する唯一の方法はまず仮説を立て、次にそれに反論するようなあらゆる情報を探すことだと述べている。しかし、われわれは普通こうしたことはしない。実際には自分の意見の正しさを裏付けてくれるような情報を探し求めるのである。

われわれは自分に同意してくれるような人の意見につい耳を傾けてしまう。つまり、自分の意見が他人の口から言われるのを聞くのは気持ちがよく、何とも言えない満足感を感じる。しかし残念なことに、こうした方法では正しい決定を下すことができない。正しい決定を下すには、自分の意見に反論するような人の意見を聞くことである。そうしないとわれわれは自分の考えを修正しないし、自分とは違う考えがあることにも気づかない。他人の違う意見を聞くことによって、自分の考えの間違いに目を向けるべきである。そうしないと自分の意見は正しいのだと思い込んでしまう。このようにわれわれはつい自分の考えに合致するような情報を探し求めてしまうが、自分の考えの間違いに気づくためにも、自分とは反対の意見に耳を傾けることが大切である。

バイアス４　成功は自分の実力、失敗は不運の結果である！

われわれ人間には多かれ少なかれ自尊心というものがあり、自分のメンツを保とうとする傾向は「自己責任バイアス（self-attribution bias)」と呼ばれる。つまり、良い結果は自分の実力によるもの、悪い結果は単なる不運のせいにしたがる。こうしたバイアスは投資家の学習を妨げる大きな障害である。こうした態度は間違いを間違いと認めず、過去の間違いから教訓を引き出して学習することを妨げる。こうした悪い習性を直すには、**表6.5**のようなマトリックス表を活用するのも効果的である。そうすれば決定とその理由・結果が比較できる

表6.5

決定のマトリックス表

	良い結果	悪い結果
正しい理由	自分の実力 (運も含む)	不運
間違った理由	幸運	間違い

ので、どこまでが自分の実力でどの点が運によるものなのかが理解できる。すなわち、私は正しい理由で正しい決定を下したのか、それとも単なる偶然で正しい結果が出たのかなどである。その場合、下した決定とその理由などを書き留めておくことが大切である。

バイアス5 実は最初から知っていたんだ！

行動心理学を教えているときに見られる最も危険なバイアスのひとつが「後知恵のバイアス（hindsight bias)」である。これは何かが起こったあとで、私は前もってそれが分かっていたと思うようなバイアスである。例えば、1990年代後半のドットコム株バブルなどはその好例であろう。その当時は大きな損失を被ってかなり落ち込んでいた同じ投資家とその話をすると、彼らはあたかも歴史を先取りして知っていたかのような口調で話す。つまり、株式バブルであることを知っていたが、それを承知で投資したというのだ。過去のことが予測できれば、これから先のことも予測できるはずなのに。このように後知恵のバイアスは自信過剰の大きな原因のひとつである。

バイアス６　今の状況と関係のないことにも価値がある！

不確実な状況などに直面したとき、われわれは無意識のうちにそれとは関係のないことにも助けを求めてしまう。「アンカリング（anchoring、意味のない数値などに縛られて物事を考えてしまうこと）」と呼ばれるこうしたバイアスについて、トバスキーとカーネマンは次のような実験を行った。彼らは被験者に対して一般的な質問（例えば、国連に加盟しているアフリカ諸国は何カ国かなど）をしたあと、彼らが回答する前に１～100までの番号のあるルーレット盤を被験者の前で回した。実はこのルーレット盤は10と65しか表示しないように細工されてあり、そのどちらかの数字が出たときに自分の回答がそれよりも多いまたは少ないかを言ったあと、実際の回答の数字を答えるように求められた。その結果、10が出たときにそれよりも多い数字の回答の中位数は25、65よりも少ない数字のそれは45だった。

もうひとつのおもしろい実験は８つの連乗積の解答を言い当てるもので、最初の連乗積（１×２×３×４×５×６×７×８）の解答の中位数は512、順序を逆にした連乗積（８×７×６×５×４×３×２×１）では2250だった（正解は40320）。これも先の何らかの数字がアンカー（投錨）として被験者の解答に影響を及ぼした例である。

テレビ画面に株価などが表示されるときもこうしたバイアスをよく経験する。現在の株価がアンカーとして投資家の頭にインプットされるので、アナリストなどがそれを大きく上回る目標株価などを提示してもあまり信用してもらえないという。私も投資家にS&P500が500になれば株を買ってもよいと言ったことがあるが、彼らは私が正気なのかといったような顔をしたものだ。これはその当時のS&P500が1181だったので、その株価と比較して500はあまりにもかけ離れた数字だ

図6.12

住宅の評価額とアンカリング

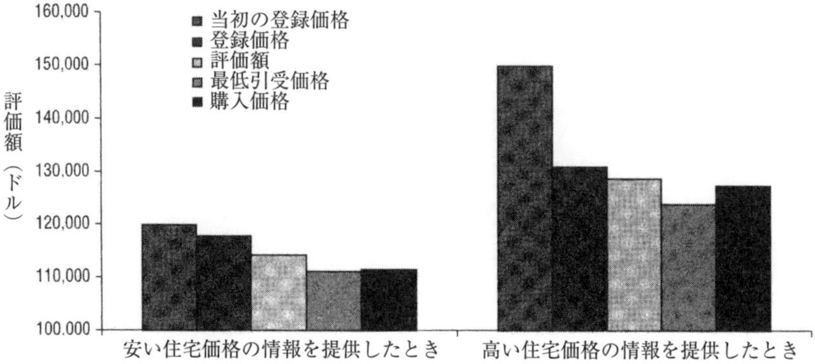

出所＝ノースクラフトとニール(1997年)

ったからである。またノースクラフトとニールは不動産仲介業者を対象に、住宅価格のアンカリングについて実験を行っている。それらの被験者を２つのグループに分け、同じ住宅について同じ情報を提供してその価格を評価してもらった。**図6.12**はその結果をまとめたもので、同じ住宅を価格評価しているのに何と12％以上もの見積額の違いが出ている。

一方、アリエリー／ローエンスタイン／プレレックはアンカーが日常品の価格に及ぼす影響についての実験を行った。それによれば、被験者は自分の社会保障番号（SSN）の最後の２ケタの価格でその商品を買うかどうかを質問されたあと、最高購入価格を提示するよう求められた。**図6.13**はその結果をまとめたもので、大きなSSNと小さなSSNの被験者の平均購入価格の差は2.7倍、最大では3.5倍もの価格差が見られた。SSNとそれらの商品購入価格とは何の関係もないのに、それがアンカーとなってこうした格差が生じるのである。こうしたアンカリングはその顕著性（salience）によって増幅される。すなわち、

図 6.13

アンカリングと日常品の価格評価

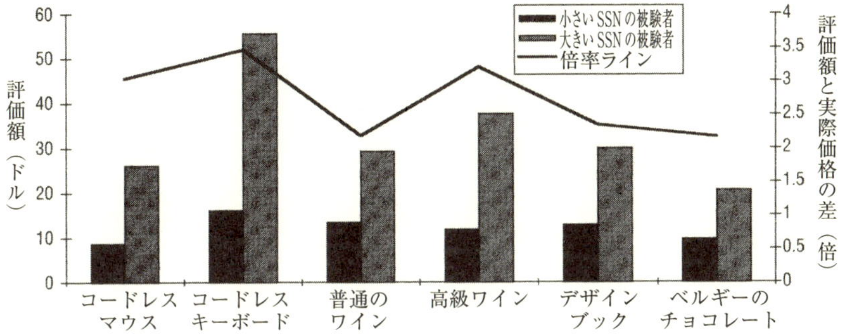

出所＝アリエリー／ローエンスタイン／プレレック (2003年)

そのアンカーが適切でありそうに見えるとき、われわれはそれに強くこだわる（アナリストが現在の株価とかけ離れた目標株価を提示するが難しいのはこうした理由による）。

このようにまったく無関係なことでも、アンカーとしてわれわれの価格評価に大きく影響することはよく見られる。日常生活でもテレビCM、新聞、ダイレクトメールなどにさまざまな商品の価格が掲載されており、それらの価格がその商品の真の価値であるとつい錯覚を起こしてしまう。こうしたアンカリングによる間違いを防ぐひとつの方法として、それと反対のものを提示することも有効である。また適正な株価評価を妨げるこうしたアンカリングを避けるには、一般に言われているその企業の利益成長率などをいったん白紙に戻し、利益成長の期待分を割り引いて評価し直すことも有効であろう。

図 6.14

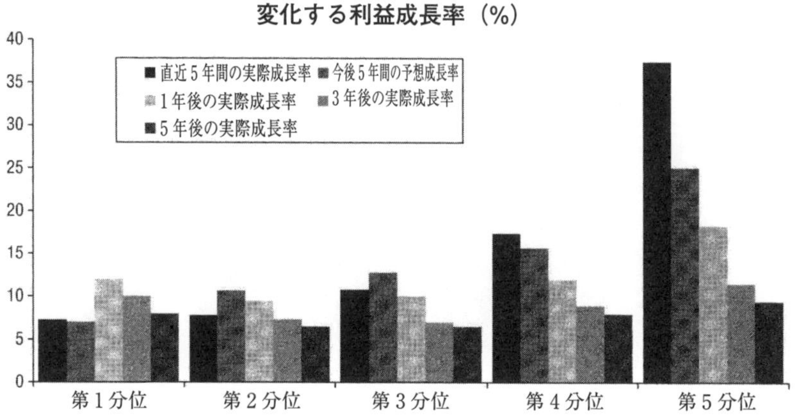

出所＝ドクターKW／モンティア／チャン

バイアス7　物事はその外見から判断できる！

次のようなケースを考えてみよう。リンダは31歳、独身ではっきりと自分の意見を述べる極めて聡明な女性である。大学では哲学を専攻し、男女平等と差別撤廃をめぐる問題に深い関心を抱いていた。リンダは銀行に勤めるのか、それとも銀行に勤めながらフェミニスト運動に参加するのかと問われると、多くの人はこのような女性は後者に属すると考えるだろう。このようにわれわれは客観的な現実の可能性ではなく、その外見からその結果を判断しがちである。こうしたバイアスは「代表性（representativeness）」と呼ばれ、リンダのケースを考えると、銀行勤めをする女性は銀行に勤めながらフェミニスト運動に参加する女性よりもはるかに多いという単純な事実があるにもかかわらず、リンダのような女性は後者のようなタイプだろうと勝手に思い込んでしまう。

これを投資に当てはめてみよう。その典型例のひとつは、優良企業は有望な投資対象であると考える投資家の思い込みである。**図6.14**は直近5年間の業績、向こう5年間のアナリストのコンセンサス予想と1～3年後の実際の結果を示したものである。それによれば、アナリストの予想には二度の代表性による思い込みが見られる。そのひとつは、直近5年間に好業績を上げた企業は向こう5年間も高い利益を上げるだろうという予想である。つまり、過去の優良企業（不振企業）は将来もまた優良企業（不振企業）であるという思い込みであり、これはリンダのケースと同じである。

もうひとつの思い込みは、今後5年間の企業業績は過去5年間の業績と反対の傾向をたどる可能性があるという事実をアナリストたちが見落としていることである。すなわち、これまで低成長を続けてきた企業は往々にしてそれ以降に高成長企業に変身するものであり、バリュー投資などはまさにこうした事実に目をつけたものである。このようにアナリストたちも現実がどうであるというよりは、その外見から企業の将来を予想しがちである。

バイアス8　それは私の記憶違いだ！

われわれの頭はスーパーコンピューターでも、また高価なファイリングキャビネットでもない。しかし、われわれの多くは絵はがきや写真などのようにパーフェクトな記憶力を持っていると考える傾向がある。心理学によれば、われわれ人間の記憶とは精神的なプロセスであり、このプロセスに何かがインプットされてもそれが主要な唯一のインプットになるわけではない。これを逆に言うと、われわれの記憶にインプットされるのは最近起こった鮮烈な印象の情報である。「最近効果（recency effect）」と呼ばれるこうしたバイアスは、それを裏付ける他人の経験や数字などで強固にしようとする。このように同じような情報でも、自分の個人的な経験に基づくものは間接的な経験の情報よりも強烈に記憶に刻まれることについて、シモンソンなどは一連の実験を行った。

その結果について彼らは、「われわれ人間が直接的な経験から強烈な印象を受けるひとつの理由として、直接的な情報は間接的な情報よりも強い感情のインパクトを与えるからである」と述べている。またシモンソンたちによれば、われわれが直接的な経験から物事の可能性を評価するとき、実際に自分の身に起こったあまり重要ではない出来事はとても重視するが、自分が経験しない重要なことは軽視しがちである。すなわち、直接的な経験は間接的な経験よりも２倍のインパクトがあるという。投資家も自分の経験から現実を見て投資決定を下してしまう。

こうした情報の感情によるインパクトについて、次のようなおもしろい実験がある。アメリカではサメの攻撃と落雷のうち、どちらが大きな死因になっていると思いますかという問いに対して、被験者の多くはサメの攻撃と答えたという。おそらくその理由は、多くの人々にとってサメの攻撃のほうが強烈な印象として記憶に刻み込まれているためであろう。フロリダの海岸と言えば、少し前の世代の人であればあの「ジョーズ」（巨大人食い鮫のパニック映画）は強烈な印象として記憶に残っているだろう。実際には落雷による死亡件数のほうがサメの攻撃の死因よりも30倍も多いにもかかわらずである。さらにサメの攻撃よりは、豚の攻撃、ココナツの頭上落下、車の電動ドアの事故などによる死亡のほうが多いのである。一方、トバスキーとカーネマンは152人の被験者に「英語でｒが最初に出てくる単語と、ｒが三番目にくる単語ではどちらが多いと思いますか」と質問したところ、

105人がｒが最初にくる単語と答えたという。実際にはｒが三番目にくる単語のほうがその倍にも達するのに、容易に単語が思い浮かぶｒが最初にくる単語のほうを多いと考えてしまう。

こうしたサメの攻撃による死因のケースを投資に当てはめてみよう。投資家は常に株価を動かすトリガー（引き金）としての材料を探しているが、大きなトリガーだけに目を向けるあまり、小さな情報の累積的な影響をつい見逃してしまいがちである。マスコミも株式市場のあらゆる動きについて合理的な解説をする。株価が上昇したときは、例えば「原油価格の下落と好調な四半期業績を受けて強気筋が買い進んだ結果、４カ月ぶりに高値を更新した」などである。

バイアス９　あなたがそう言うのであれば、それは本当でしょう！

プリントアウトされるものがディスプレイ画面表示と同じであることをコンピューター用語ではWYSIWYG（ウィジウィグ）と言うが、株式市場の情報などはけっしてウィジウィグではない。もちろん、そうしたデータについてはアナリストたちが厳しくチェックし、実際の数字であることは間違いないが、それを受け取った投資家の解釈は必ずしも額面どおりのものではない。投資家だけでなく、アナリストたちもこうした「フレーミング（framing)」と呼ばれるバイアスにとらわれていることが少なくない。すなわち、情報などが提供されたとおりに受け取らないで、ある特定の形で心理的に意思決定をしてしまう。巧妙な世論調査などが人間のこうしたフレーミングを利用して質問事項を並べ、有利な回答を引き出そうとするのもその一例である。

一方、トバスキーとカーネマンはある実験で被験者に対して、約600人の死者が出ると予想されるアジアの伝染病がアメリカで流行したとすれば、あなたは次のどちらの対策が適切であると思いますかと

図6.15

S&P500企業の配当と自社株買い公表額

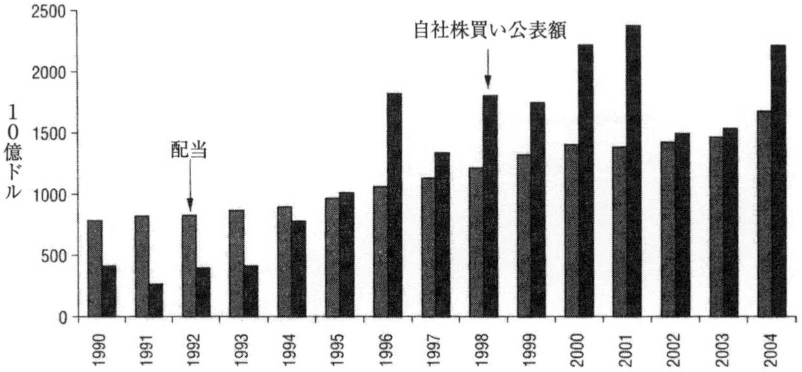

出所＝ドクターKW・マクロ・リサーチ

質問した。①対策Ａを実施すれば200人の人が助かる、②対策Ｂを実施すると600人が助かる確率は３分の１、だれも助からない確率が３分の２である。この質問に対し、72％の被験者が対策Ａのほうが望ましいと答えた。次に、①対策Ｃを実施すると400人が死亡する可能性がある、②対策Ｄを実施すると600人全員が助かる確率が３分の１、だれも助からない確率が３分の２である。このどちらの対策が望ましいかと質問したところ、対策Ｃに賛成したのはわずか22％だった。賢明な読者は対策Ａと対策Ｃ、対策Ｂと対策Ｄは同じであることに気づくだろう。しかし、それを違う表現で提示するとこんなにも反応が異なるのである。

こうしたフレーミングのバイアスはおそらく認識の限界に起因するものであり、情報を処理するわれわれ人間の頭脳の限界を示している。「不注意の盲目性（inattentional blindness）」とも呼ばれるこうした傾向は、別のことに注意を向けているとある情報を目にしてもそれに気づかないという日常的な体験でもよく見られる。もうひとつのおも

図6.16

自社株買いの推移

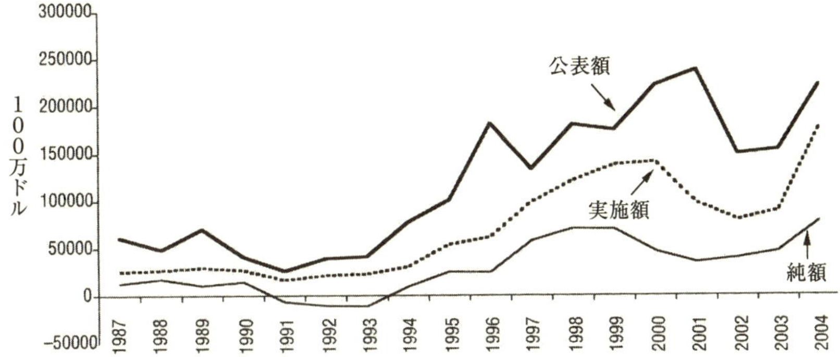

出所＝ドクター KW・マクロ・リサーチ

図6.17

自社株買いと株式利回り

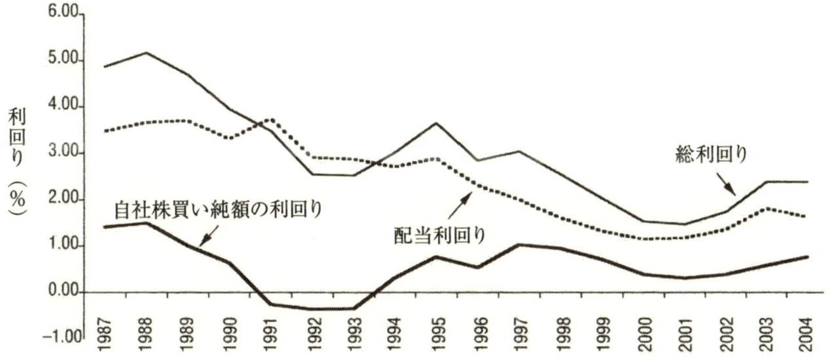

出所＝ドクター KW・マクロ・リサーチ

しろい実験は、白と黒のウエアを着た２つのチームのバスケット選手たちにボールをパスしてもらい、被験者に白組の選手間で何回パスしたのかを当ててもらうというものである。これはビデオに録画されたゲームを見てもらう実験で、プレーの途中で突然ゴリラが現れ、カメラに向かって胸をたたいていた。こうした異常なシーンが途中で入ったにもかかわらず、何と46％の被験者がこうした異常なシーンに気づかなかったという。

ここで話を投資に移して、次のようなケースを考えてみよう。よく株主に対する利益還元策として配当よりは自社株買いのほうが有利であると言われるが、**図6.15**はS&P500構成企業の配当と自社株買いの推移を表したものである。もっとも、黒の棒グラフは自社株買い公表額であり、それが自社株買いの実施額と一致するわけではない。実際に1987年以降は自社株買いの実施額は公表額の57％にとどまっている（2005年になるとその比率は80％に上昇した）。さらに株主にとっては自社株買いの実施額でさえも曲者であり、本当に重要であるのは（ストックオプションを含めた発行株数調整後の）ネットの自社株買いである。残念なことに、こうした自社株買い純額は公表額のわずか19％にとどまっている（2005年には35％。**図6.16**を参照）。**図6.17**はそれらをすべて含めた株式投資の利回りを示したもので、最近の大相場の時期でも自社株買いは配当利回りの低下分をそれほどカバーしていない。自社株買い純額が現在の比率で推移すれば、配当利回りに対するその寄与率は0.76％である。その結果、株式投資の総利回りは2.4％となるが、自社株買いのメリットは一般に言われているほど大きなものではない。

図6.18

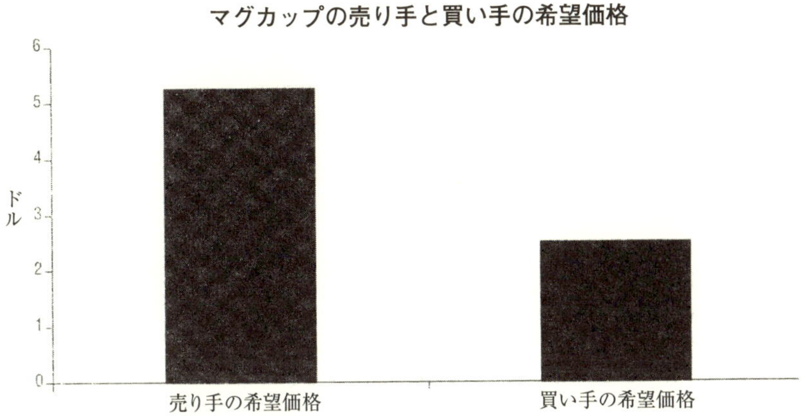

出所＝カーネマン／クネッシュ／サーラー(1990年)

バイアス10　評価損は確定するまでは損失ではない

数年前に15ドルで買ったワインがその後に値上がりし、今ではオークションで150ドルの値が付いたとしよう。あなたはこのワインを買うだろうか、それとも自分が保有するワインを売るだろうか。実際の回答は両方とも「ノー」であった。こうした状況に直面したとき、われわれはそうしたワインを買ったり売ったりしないのである。こうした傾向は「現状維持バイアス（status quo bias)」と呼ばれ、「所有効果（endowment effect)」の典型例である。つまり、自分が何かを所有すると他人よりもそれを過大に評価してしまうことである。

これに関するひとつの実験として、ある大学生のクラスをランダムに半分に分け、半数の彼らにマグカップを与えた。そしてマグカップを持たない残り半分の大学生にそれを売ってもよいとした。半分の学

図6.19

マグカップの売り手・選び手・買い手の希望価格

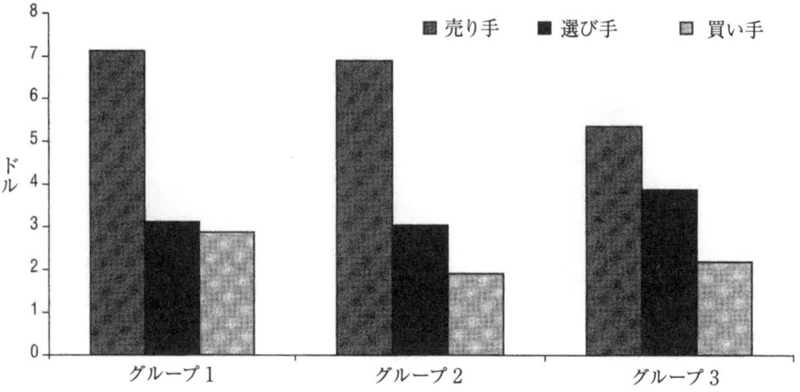

出所＝KKT(1990年)とフランシオシたち(1996年)

生はマグカップがないので買いたい人もかなり多く、売買率は50％にはなるだろうと予想された。ところがふたを開けてみると、売買率は何とわずか10％にすぎなかった。その大きな原因は売り手と買い手が希望する値段のギャップにあった。**図6.18**は売り手と買い手の希望価格を示したもので、大学の売店で売られているマグカップの価格は６ドル、売り手の希望価格の5.25ドルに対し、買い手の希望価格はその半分以下の2.50ドルだった。マグカップをもらってわずか数分しかたっていないが、売り手は自分の所有物に対してかなり高い値段を付けている。

ここで第三者の「選び手」を登場させる。売り手と買い手は0.25～9.25ドルの範囲でマグカップを売買することができるが、マグカップを持たない選び手はその値段でマグカップまたは金額のどちらを受け取りたいのかを報告する。理論的には選び手は売り手と同じような状況にあり、唯一の違いはマグカップを持っていないことだけである。しかし、**図6.19**を見ると、現実は必ずしも理論どおりにはなってい

図6.20

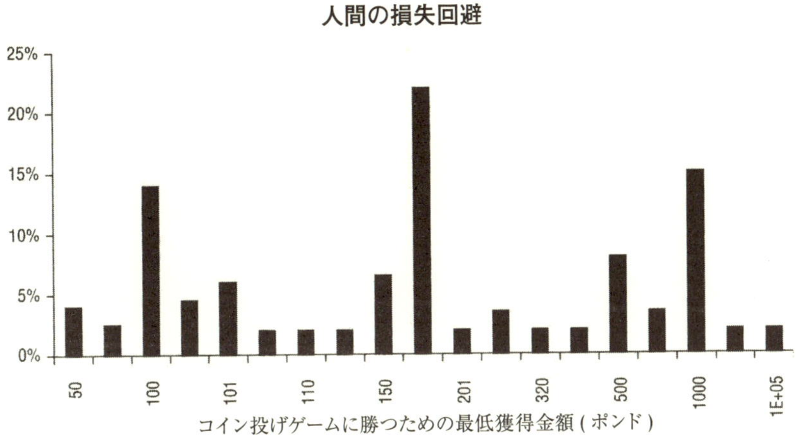

出所＝モンティア（2002年）

ない。３校の異なる大学生の選び手は売り手よりも買い手に近い値段を提示している。すなわち、選び手の提示価格は買い手の希望価格よりも平均して約50％高かったが、売り手の希望価格を大きく下回った。売り手の希望価格は買い手のそれの約３倍、選び手の提示価格の約２倍だった。このようにわれわれはある物を所有したとたんに、それを手放したくないという意識が強く働くのである。

次にある企業の株式を保有しているという状況について考えてみよう。われわれは単純にその株式をホールドしているという理由だけで、この株式がほかの株式よりも高い価値を持っているように思ってしまう。しかし、自分の考えが正しいかどうかを確認するためにその企業の経営陣と会っても、おそらく経営陣の口から出るのは「わが社は素晴らしい企業で、あなたは素晴らしい投資をした」といったような言葉だけだろう。こうした理由から成功しているファンドマネジャーのなかには、企業の経営陣とは一切会わないという人もいる。しかし、一般的には自分の考えを変えるような発言が聞かれなければ、保有株

図 6.21

投資家が含み損と含み益の銘柄を確定する比率

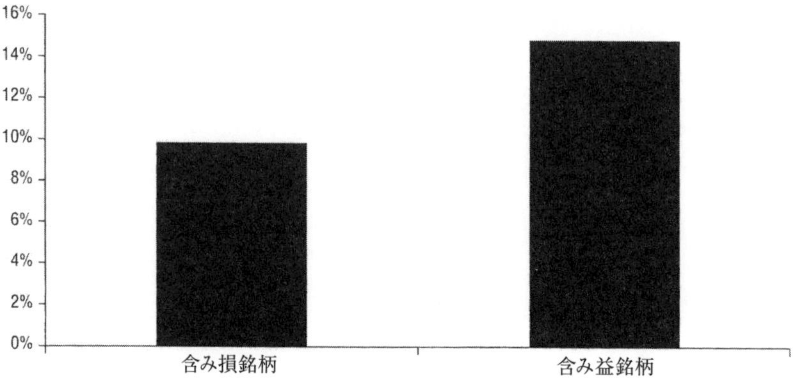

出所＝オーディーン（1998 年）

を売却しようという態度で経営者との会見に臨んでも、やはり自分の考えを裏付けてくれるような情報を探してしまうものである。

こうした現状維持バイアスと所有効果の背景には「損失回避（loss aversion）」がある。心理学者は以前から、われわれは損失の程度よりも損失そのものを忌避する傾向があると指摘している。つまり、利益を望む以上に損失を嫌うのである。例えば、コイン投げに賭けて負けたら100ポンドを支払うというゲームをする。このゲームに最終的に勝つには最低でいくら取ればよいと考えるか。この問題に正否の解答はなく、あくまでもその人の個人的な考えによる。**図6.20**は投資銀行の元同僚たちとこのゲームをしたときの結果をまとめたもので、平均的な回答は200ポンド以上だった。この結果からも分かるように、われわれは利益の２～2.5倍の程度で損失を忌避しているようだ。シェフリンとスタットマンによれば、人々は利益を上げるよりも損失を出すことが大嫌いなので、株式投資においても投資家は評価損の出ている株式をホールドし、評価益の出ている銘柄を早々と売却する傾向

図 6.22

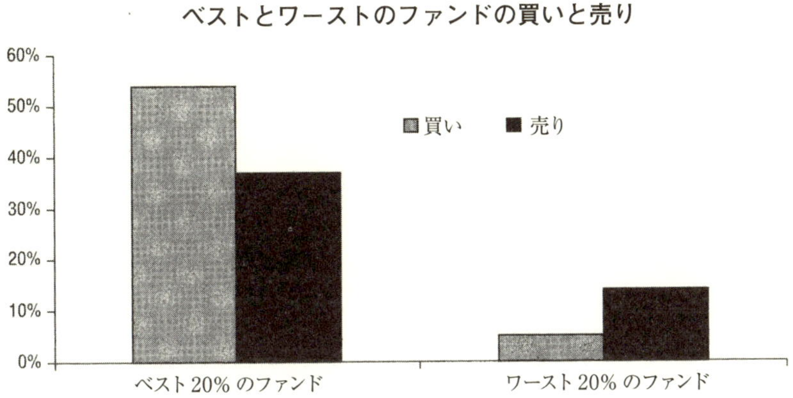

がある。つまり、負け銘柄には乗り、勝ち銘柄はすぐに手仕舞いしてしまうが、こうした傾向は「損失先送り効果（disposition effect）」と呼ばれる。

オーディーンは1987～1993年に、あるディスカウントブローカーの取引口座約１万件の取引状況について調査した。それによれば、評価損が出ている銘柄の保有期間は平均124日、評価益の銘柄は102日だった。さらに評価益の銘柄の確定比率が平均15％だったのに対し、評価損の確定はわずか９％となかなかロスカットができない投資家の心理が浮かび上がってくる（**図6.21**を参照）。含み損の銘柄をカットしない最も一般的な理由はそのうち値が戻るだろうという希望的観測であるが、その根底には楽観過剰や自信過剰から自己責任バイアス（成功は自分の実力で失敗は単なる不運によると考えること）までも含めた人間の深層心理がある。そして含み損の銘柄をそのままホールドしたらどうなるかに関するオーディーンの追跡調査によると、残念なことに確定した勝ち銘柄はホールドした負け銘柄よりも年間で3.4％高い

図6.23

米投信ファンドのパフォーマンスと含み損・含み益の確定状況

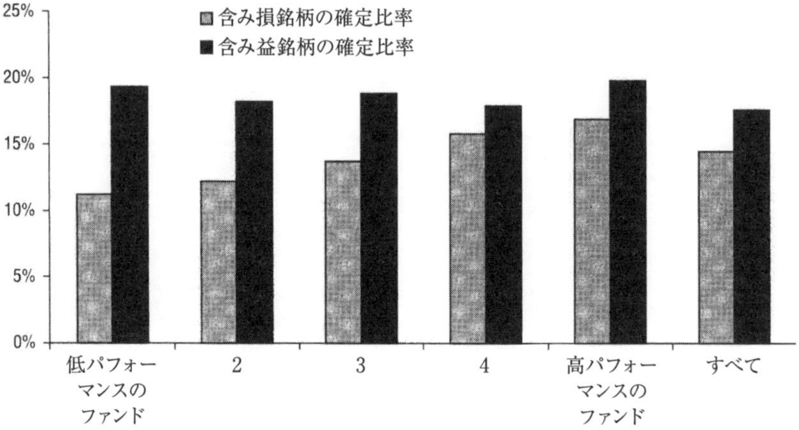

出所＝フラズィーニ（2004年）

リターンを上げたという。

オーディーンはまた、投資信託（ミューチュアルファンド）に投資する投資家の行動も調査している。この調査は1990～1996年に投信に投資していた３万2000世帯を対象に実施したもので、それによれば自分で直接株式投資する投資家と同じ行動のパターンが見られた。例えば、株式購入世帯の54％は過去の上位20％にランクされるファンドに投資しているが、ワースト20％にランクされたファンドの保有株を売却した世帯はわずか14％にとどまっている。投信の投資家でも利益が出ているファンドを売る人は損失の出ているファンドを売る人の2.5倍以上に達している（**図6.22**を参照）。プロの投資家は自分はこうした調査結果には該当しないと考えているが、そうした態度そのものが一種の自信過剰である。

フラズィーニがこのほど行ったファンドマネジャーの投資行動に関する調査によれば、経験豊富な投資のプロにも損失回避の傾向があるという。1980～2002年に米投信約３万ファンドの取引状況について調査したところ、評価益の確定比率は17.6％だったが、評価損の確定は14.5％にとどまり、プロの投資家でさえも利が乗っている銘柄を売却する比率が損失の出ている銘柄をカットする比率の1.2倍に達している。フラズィーニはさらに一歩進めて、ファンドの含み損と含み益の確定比率とパフォーマンスの状況について追跡調査した（**図6.23**を参照）。それによれば、ベストのパフォーマンスを上げたファンドは含み損の確定比率が最も高く（損失回避の傾向が最も低い）、含み損と含み益を確定する比率は１対1.2以下にとどまっている。一方、最も成績が悪かったのは含み損の確定比率が最も低いファンドで、その比率は１対1.7と投信でさえも個人投資家と同じ損失回避の傾向が顕著である。これまで検討してきたほかのバイアスと同様に、投資のプロでさえも自分はほかの人よりも損失回避の傾向が低いと思っているが、現実はそうではないことを物語っている。以上の調査結果は株式投資で成功するための大きなヒントを与えてくれるだろう。

結論

以上検討してきた10のバイアスは、投資家が陥る最も一般的な心理の落とし穴である。以下はその防止策をまとめたものである。

1．われわれ人間はこうしたバイアスから逃れられないという現実を認識せよ。
2．われわれは自分が考えているほど物知りではない。
3．物事のストーリーではなく、事実に目を向けろ。
4．情報は多ければよいというものではない。
5．インパクトは大きいが重要性は小さい情報と、インパクトは小さいが重要性は大きい情報があることを知れ。

6．自分の考えと反対の情報を探せ。

7．失敗は単なる不運の結果ではない。自分の間違いに目を向けよ。

8．それを事前に知っていたというようなことはなく、単に自分がそう思っているだけである。

9．バイアスから逃れられなければ、反対証拠に目を向けろ。われわれは関係のないものに縛られて物事を考えてしまうので、その代わりに適切なものを目立つようにするなど、正しい評価法を心掛けよ。

10. 物事はその外見ではなく、客観的な現実によって判断せよ。

11. 自分の経験だけにあまり頼るな。

12. 鮮烈な印象の出来事のインパクトは強いが、現実は必ずしもそのようなものではない。

13. 情報はそれがどのように提示されたのかを考えて解釈せよ。

14. 単に所有しているというだけでその価値を過大に評価するな。

15. 損失の出ている銘柄は損切り、利が乗っている銘柄は残せ。

これらは特に目新しいものではないが、新年の決意と同じように言うは易く行うは難しである。こうした教訓を踏まえてベストの心理状態で投資決定に臨むならば、株式市場の喧騒から一歩退いて自分の投資行動を冷静に見ることができるだろう。

第7章

株式リターンの2％上乗せ法

The 2 Percent Solution

リサーチ・アフィリエーツ社の会長であるロブ・アーノットはピムコの80億ドルの資金を運用するほか（2005年末には100億ドルに達する見込み）、いくつかのヘッジファンドを運営し、さらに近く新しいインデックスファンドを立ち上げる予定である。彼は投資とファイナンス分野では最も権威ある刊行物のひとつであるファイナンシャル・アナリスツ・ジャーナル誌の編集長でもあり、同誌をはじめジャーナル・オブ・ポートフォリオ・マネジメントやハーバード・ビジネス・レビューなどに60以上の論文を執筆している。またグレアム＆ドッド賞など数多くの権威ある賞を受賞しており、さながらフィナンシャルアナリストのMVP（最高殊勲選手）といったところである。一方、ロブにはワイン鑑定家とビンテージバイクの収集家という別の顔もある。彼は本章でポートフォリオを組み替えるだけで、株式投資のリターンを年間２％上乗せする方法を紹介している。――ジョン・モールディン

株式リターンの２％上乗せ法

ロブ・アーノット

資本資産評価モデル（CAPM）は現代ファイナンス理論のなかでは最も重要なモデルのひとつであり、それはS&P500などの代表的な時価総額加重インデックスファンドのベースとなっている。それらのファンドには個人・機関投資家から巨額の資金が集まっている。

（**注**　CAPMでは投資リスクをマーケットのリスクと各銘柄に特有の固有リスクに分類し、固有リスクはポートフォリオの分散によってヘッジできるとする。これに対し、マーケットリスクは分散投資によってもヘッジできないため、マーケットリスクが投資のリターンを決定すると考える）

時価総額加重インデックスファンドとは何か

アメリカで最も人気が高いのは株式投資であるが、その将来のリターンを占うことができる完全な水晶球があると仮定しよう。それはすべての株式の数年後の価格は予想できないが、株式投資から得られる将来のキャッシュフローは知ることができる。したがって将来キャッシュフローの割引現在価値から各株式の真の適正価格が算出できる。例えば、その企業の予想利益とその株式のリスクに見合った利回りが分かれば、現在の適正株価が評価できるだろう。株式の適正価格とは将来の利益を得るために支払ってもよいと考えられる値段であり、すべての投資家が株式の真の適正価格を知り得るならば、全株式の時価総額とその適正価格の総額は一致するはずである。この世界では株式投資のリスクとリターンはバランスがとれており、その意味ではCAPMの考え方は完全に正しい。ファイナンス用語で言えば、そうしたインデックスファンドは完全に平均分散効率的なポートフォリオである。

ここでこの水晶球が少し曇り、株式の将来を正確に予想できなくなったとしよう。その結果、株式の真の適正価格を知ることはできなくなったが、各株式の現在価格が真の適正価格よりも高いか、または低いのかはまだ分かる。さてすべての株式は真の適正価格より高いまたは安い値段で取引されているのが普通であり、時価総額インデックスファンドでは自動的に適正価格を上回る構成株式はオーバーウエートに、適正価格を下回る株式はアンダーウエートの状態となる。その結果、この種のファンドの資産ウエートはこうした価格の歪みの程度に直接連動しているという意味で、半分以上の構成株式が過大評価されていることになる。

こうした考え方は単なる知的なゲームの理論ではなく、今の株式市場の現実そのものである。多くのポートフォリオが時価総額インデックスファンドに組み込まれている今の市場では、すべての株式が基本的にかつ構造的に価格の歪みの影響を受けており、将来的にも本質的に適正価格を上回る株式はオーバーウエート、それ以下の株式はアンダーウエートに評価されるだろう。その結果、適正価格を上回る株式に多くの資金を投じれば、将来に手にするリターンは低くなる。つまり、こうした時価総額加重ファンドでは真の適正価格加重ファンドよりも低いリターンしかもたらさない。またそのリターンは株価評価指標（その企業の適正価値、PER＝株価収益率、PBR＝株価純資産倍率など）には基づかないファンドのリターンも下回るだろう。

望ましいのは等価ウエートのインデックスファンド

もしもPERや時価総額といった株価評価指数をベースとしないインデックスファンドを組成したら、以上のようなリターンの低下を防げるうえ、年間に２～４％のリターンの上乗せも可能となるだろう。これが株価とは無関係に各株式に等額ずつ投資する等価ウエートのファンドである。本質的な価格の歪みを内在しないこうした等価ウエートのファンドは、時価総額加重ファンドよりもアウトパフォームになるだろう。多くの専門家も、等価ウエートのファンドには小型株バイアス（小型株は大型株よりも大きく値上がりする）や割安株バイアス（割安株は割高株よりも大きく上昇する）がないので、現在主流となっている時価総額加重ファンドよりもアウトパフォームになると述べている。

しかし、こうした見方は実は必ずしも正しくはない。等価ウエートのファンドとは株価評価指数とは無関係に各株式に等額投資したファンドであるため、株価の高安にかかわらず大型株にはアンダーウエート、小型株にはオーバーウエートのバイアスがかかっているからである。これを過大評価された株式がオーバーウエートとなる時価総額加重ファンドと比較すると、等価ウエートのファンドでは株価の過大・過小評価にもかかわらず、オーバーウエートとアンダーウエートの確率は半々である。これを具体的に説明すると、株式市場には過大評価された株式と過小評価された株式が存在しているが（各株式の真の適正価格は100ドルであるとする）、マーケットはその適正価格を知らない。これはある株式グループが50ドルで取引される一方、別の株式グループは150ドルに評価されていることを意味するが、そのどちらの価格評価も正しくはない。この場合の時価総額とは過大評価された株式グループの株価を75％反映したものである。

こうした価格の歪みも次第に是正され、いずれのグループの株価も

100ドルに収斂するとしよう。しかし、現実にはさまざまなニュースやアナリストレポートなどが投資家の株価評価に大きな影響を及ぼすため、各株式には新たな価格の歪みが生じるだろう。その結果、以前の価格の歪みは解消されるものの、ポートフォリオには再び過大・過小評価のバイアスが生じる。つまり、以前の価格の歪みが新たな歪みに取って代わるだけで、価格の歪みの程度には変化がないと考えられる。こうした世界では時価総額加重ファンドの長期のリターンはゼロである。

それならば、等価ウエートのファンドにはどのようなメリットがあるのだろうか。時価総額加重ファンドでは過大評価株と過小評価株のウエートが75対25であるのに対し、等価ウエートのファンドではその比率が50対50であるため、例えば割高株が33％下落して割安株が２倍になれば差し引きで33％のリターン、すなわち年間で約2.8％の複利リターンを手にすることができる。これを逆に言うと、もしもどの株式が過大・過小評価されているのかが分からなければ、その典型である時価総額加重ファンドでは年に2.8％の追加コストを支払っていることになる。真の適正価格が分からないこのファンドでは、長期平均すると小型株は大型株よりも大きく値上がりするという前提に立っている。

ここで水晶球が真の適正価格を反映したベストの10銘柄を教えてくれたと仮定しよう。それらの株式は最も大型の株式なのだろうか。長期的にはそうなるのかもしれないが、各年ではそうはならない。あまり価値のない株式が最も大きく値上がりし、トップランクの大型株よりも高くなるのは何も珍しいことではない。しかし、マーケットはそうした株式もやがては真の適正価格に収斂させるため、それらの株式を組み入れたポートフォリオは大きなリターンの低下を余儀なくされる。ただし多くの場合、最も規模の大きい大型株が平均的な株式よりもアンダーパフォームとなるのが普通である。私はフィナンシャル・

表 7.1

超大型株と市場平均のパフォーマンス比較

超大型株が市場平均よりもアウトパフォームとなった比率				
	1 年後	3 年後	5 年後	10 年後
1926～2004 年	38%	30%	25%	24%
標準偏差	49%	46%	44%	43%
調整済み t 値	–2.2	–3.1	–3.0	–2.4
1964～2004 年	34%	26%	19%	16%
標準偏差	48%	44%	40%	37%
調整済み t 値	–2.1	–2.8	–2.9	–2.6
市場平均と比較した超大型株のリターン				
1926～2004 年				
標準偏差	–7.1%	–15.4%	–24.0%	–39.9%
1964～2004 年				
標準偏差	–9.3%	–18.7%	–29.3%	–47.8%

出所＝リサーチ・アフィリエーツ社

アナリスツ・ジャーナル誌の2005年４～５月号に、超大型株と市場平均の80年にわたるパフォーマンスを比較した調査結果を掲載したが、約80％の期間（１年、３年、５年および10年後）で超大型株は市場平均よりもアンダーパフォームとなっており、10年間では平均的な株式のリターンを40～50％も下回っている（**表7.1**を参照）。

一方、真の適正価格を反映したベスト10銘柄と市場平均のパフォーマンスを比較したところ、超大型10銘柄と同じ傾向は認められなかった。これは超大型株に入らなかった一部の株式が値上がりして時価総額トップ10にランクされたことによるもので、マーケットの適正評価が進むにつれてそこから脱落するのは確実である。**表7.2**によれば、適正価格を反映したベスト10銘柄のなかで10年後に市場平均よりもアンダーパフォームとなるのは７銘柄、アウトパフォームとなるのは３

表7.2

適正価格を反映したベスト10銘柄と市場平均のパフォーマンス比較

	1年後	3年後	5年後	10年後
適正価格のベスト10銘柄が市場平均よりもアウトパフォームとなった比率				
1926～2004年	45%	41%	38%	32%
標準偏差	27%	26%	25%	25%
調整済みｔ値	–2.9	–2.8	–3.0	–3.2
1964～2004年	40%	37%	32%	29%
標準偏差	26%	25%	22%	22%
調整済みｔ値	–5.4	–4.2	–4.8	–3.9
市場平均と比較した適正価格のベスト10銘柄のリターン				
1926～2004年	–2.9%	–9.6%	–15.0%	–26.2%
標準偏差	2.7%	4.7%	7.1%	13.6%
1964～2004年	–3.6%	–9.6%	–19.7%	–30.7%
標準偏差	4.4%	6.0%	8.3%	18.5%

出所＝リサーチ・アフィリエーツ社

銘柄である。平均的な株式と比較した適正価格のベスト10銘柄の平均アンダーパフォーム率は10年間で約26％となっている。それならば時価総額加重ファンドが持つマーケットクリアリングの性質、すなわち株式市場の全株式の価格を反映するためにリターンが低下するという問題にはどのように対処すればよいのだろうか。

2％のアルファを得るには（アルファとはベンチマークに対するその銘柄固有の超過リターン）

ここでもう一度、資本資産評価モデル（CAPM）を中心とする現代ファイナンス理論に話を戻そう。このモデルによれば、マーケットクリアリングのポートフォリオは平均分散効率的なポートフォリオであった。すなわち、各銘柄の時価総額の比率を反映した全株式の時価総額で構成したポートフォリオは、ほかのどのポートフォリオよりもアウトパフォームとはならないが、平均分散効率的という意味では理想的なポートフォリオとも言える。またCAPMによれば、株式市場のすべての銘柄には期待リターンがあるが、それは市場平均の期待リターンをベースにして算出することができる。もしもある銘柄のベータ値（市場平均に対する感応度）が2.0であれば、その株式の期待リターンは市場平均の2倍となる。しかし、CAPMのこうした考え方は広く受け入れられているが、それは必ずしも正しいとは言えない。

もっとも、そのポートフォリオにすべての株式、債券、住宅、オフィスビル、（各個人の労働力の現在価値を反映した）人的資源などこの世のありとあらゆるものを含めれば、CAPMは有効に機能するだろうが、そのようなインデックスファンドは存在しないし、また将来にも出現することはないだろう。これについてS&P500はマーケットではなく、それがマーケットであれば効率的に機能するだろうという見方もあるが、これも必ずしも正しくはない。さらにCAPMには次のような間違った前提条件や大きな問題点がある。

- すべての投資家は合理的である
- すべての投資家のリスク許容度は同じである
- 投資家は同じ無リスク金利で無制限に資金を入手できる
- ポートフォリオのレバレッジ規模について触れられていない
- 税金が考慮されていない

CAPMにはその他の前提条件や問題点もあるが、主要なものはこの5つである。皆さんはこうした前提が完全に妥当であると思われるだろうか。一方、ここに客観性と透明性を兼ね備え、流動性の高い大型株で構成したインデックスファンドがあるとすれば、それは時価

図 7.1

時価総額加重インデックスとファンダメンタルズ指数のリターン比較
(1962 年に 1 ドル投資したときの 2004 年のリターン)

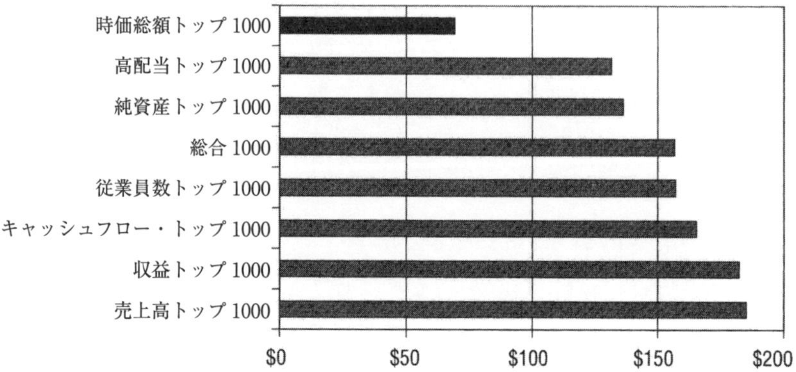

総額加重ファンドよりもアウトパフォームとなるだろう。その一例として、例えば（株価や時価総額などは一切考慮せずに）純資産比率の高い1000社で構成した加重平均指数が考えられる。純資産以外にも売上高や従業員数のトップ企業で構成したインデックスでもかまわない。もちろん、（PERなどの）株価評価指標を含まないこうした大手企業のインデックスにも何らかのバイアスはかかっているが、それでも立派に機能するのである。

図7.1はこうしたさまざまな指標に基づいて作成した上位1000社のインデックスであり、図トップの時価総額加重インデックスファンドに投資した１ドルは1962～2004年の43年間で約70ドルに増えたことを意味する（1975～1999年は米株式市場の歴史なかで最も大きく値上がり期間だった）。しかし、この図のなかではこの時価総額加重ファンドの上昇率は最も小さく、上昇率がその２倍に達しているインデック

表7.3

さまざまな株式インデックスのリターン比較

	幾何平均リターン	時価総額インデックスに対する超過リターン	超過リターンのt値	時価総額インデックスに対するアルファ値	標準誤差	アルファ値＝0のときのt値
S&P500	10.53%	0.18%	0.76	0.23%	0.23%	1.00
時価総額1000	10.35%	—	—	—	—	—
純資産1000	12.11%	1.76%	3.22	1.98%	0.53%	3.71
キャッシュフロー1000	12.61%	2.26%	3.72	2.51%	0.60%	4.21
収益1000	12.87%	2.52%	3.25	2.57%	0.78%	3.32
売上高1000	12.91%	2.56%	3.36	2.63%	0.76%	3.46
総配当1000	12.01%	1.66%	2.02	2.39%	0.75%	3.17
従業員数1000	12.48%	2.13%	2.98	2.15%	0.72%	3.00
総合1000	**12.47%**	**2.12%**	**3.26**	**2.44%**	**0.63%**	**3.87**
優良企業1000	**12.50%**	**2.15%**	**3.09**	**2.37%**	**0.70%**	**3.41**

出所＝リサーチ・アフィリエーツ社

スも少なくない。1999年以降の５年間を見てもS&P500が11％下落したのに対し、その他のファンダメンタルズ指数は45％も上昇している。

表7.3を見ても、ファンダメンタルズ指数は従来の時価総額加重インデックスよりも大きなメリットがあるようだ。例えば、時価総額上位1000社で構成する時価総額加重インデックスは過去43年間に年率10.35％の幾何平均リターン（時間加重収益率）を上げたが、これはS&P500の10.53％を0.18％下回っている。ファンダメンタルズ指数のなかで最も低いリターンにとどまった総配当トップ1000でさえも12.01％、優良企業トップ1000に至っては時価総額インデックスを2.15％も上回る12.50％という高いリターンを上げている。これらのファンダメンタルズ指数の多くが時価総額インデックスよりもリスク度は小さいという事実を考慮すれば、こうしたファンダメンタルズ指数ファンドに投資すればリスク調整後ベースで年間2.5％のリターン上乗

表7.4

さまざまな局面における各インデックスのリターン比較

	景気拡大期	景気後退期	株価上昇期	株価下降期	金利上昇期	金利低下期
S&P500	11.75%	3.15%	20.81%	–24.02%	18.05%	5.08%
時価総額 1000	11.66%	2.46%	20.89%	–24.89%	18.13%	4.73%
純資産 1000	13.19%	5.51%	21.20%	–19.30%	19.81%	6.53%
キャッシュフロー 1000	13.60%	6.55%	21.63%	–18.62%	20.94%	6.61%
収益 1000	13.82%	7.03%	22.24%	–19.36%	20.99%	7.00%
売上高 1000	13.84%	7.24%	22.27%	–19.30%	21.02%	7.06%
総配当 1000	12.70%	7.74%	19.68%	–15.27%	20.38%	5.99%
従業員数 1000	13.63%	5.49%	21.62%	–19.08%	20.87%	6.44%
総合 1000	**13.40%**	**6.77%**	**21.26%**	**–18.09%**	**20.56%**	**6.63%**

出所＝リサーチ・アフィリエーツ社

せは十分に可能である。

それではこれらのファンダメンタルズ指数ファンドに投資したとき、さまざまな局面ではどの程度のリターンが上乗せできるのだろうか。**表7.4**は各局面における各ファンダメンタルズ指数の予想リターンを示したもので、景気拡大期では（S&P500や時価総額インデックスに対して）年間で２％、景気後退期では3.5％のリターンが上乗せできる。一方、株価上昇期では0.4％の追加リターンにとどまるが、これは各企業のファンダメンタルズというよりは心理的な要因が足を引っ張るからである。しかし、バリュー投資とは異なり、株価上昇期でもいくらかのリターンの上乗せが可能である。これに対し、株価下降期では６～７％、金利上昇期では2.5％のリターンが追加できる（金利下降期には1.5％）。

結論

ファンダメンタルズ指数は景気後退期・株価下降期・金利上昇期で大きな効果を上げるが、良好な環境下（景気拡大期・株価上昇期・金利低下期）でもいくらかのリターンの上乗せが可能である（バリュー投資は景気拡大期や株価・金利の上昇期には有効ではない）。これらの指数はいくらでも作れる客観的でパッシブなインデックスであるが、すべての株式をカバーしていないという点で平均株価を反映した指数ではない。しかし、CAPMの前提条件を満たすような株式インデックスはこの世に存在しないことは先に指摘したとおりである。それでは大きなリスクを取らないで、この種の有効なファンダメンタルズ指数ファンドによって時価総額加重ファンドよりも高いリターンを上げることができるのだろうか。時価総額加重インデックスが効率的ではないという意味でそれは可能である。従来のインデックスはいずれもマーケットそのものではなく、現実的に有効なそうした株式ポートフォリオは存在しない。たとえ存在したとしても、CAPMが基本的に間違った前提に立っているという理由でそれはうまく機能しないだろう。

最後に、こうしたファンダメンタルズ指数ファンドが皆さんの株式投資戦略にどのような意味を持つのかについて少し触れておこう。大手の機関投資家や年金基金などがこうしたファンドに多額の資金を投資するとは思えないが、それでも年間に２%のリターンが上乗せできるという可能性については真剣に考慮する価値があるだろう。例えば、ここに36年間で10億ドルになるポートフォリオがあるとして、それに毎年２%のリターンを上乗せしていけば36年後には何と20億ドルとなる。２%のアルファも長期間には本当にちりも積もれば山となる。これは個人投資家についても同じであり、２%の追加リターンを積み上げていけば、36年後には本来よりも２倍も多いリターンを手にできるのである。

第8章
勝者のルール
The Winner's Rule

私とマイケル・マスターソンは20年以上の付き合いであるが、彼は最も優秀なビジネスパーソンのひとりである。彼の著書のフォローアップは、40万人以上の読者を持つｅニュースレター「アーリー・ツー・ライズ（Early to Rise）」（http://www.earlytorise.com/）を通じて行われている。彼はこの20年間に自分と他人の両方のビジネスを運営し、大きな成功を収めてきた。この間に休職したのは２回だけで、いずれも２年間だった。最初は平和部隊（アメリカから発展途上国に派遣されるさまざまな分野の援助者たち）の教育活動に参加したとき、２回目はパートナーと１億ドルのビジネスを育て、そこをリタイアした39歳のときである。マイケルはこれまで多くのビジネスを成功させ、そのうち２つを１億ドル以上のビジネスの育て上げた。また彼の執筆した『オートマチック・ウエルス（Automatic Wealth）』はベストセラーになった（すべての起業家はぜひこの本を読んでほしい）。個人的に評すると彼は有言実行の人であり、その意味で彼の言うことには注目すべきである。――ジョン・モールディン

勝者のルール

マイケル・マスターソン

もしもあなたが富の世界について愛する人にひとつだけアドバイスをするとすれば、それはどんなことですか。私は富の創造についてほぼ毎日書いているので、富を築きたいと思うビジネスパーソンは私からの次のアドバイスを必ず実行してください。

●ビジネスのスタートはまずは商品を売ることである

私はよく言われるこのビジネス格言を最初はバカにしていた。商品を売る前にすべきことはいくらでもあるじゃないか。オフィスを確保し、電話を設置し、商品を仕入れる……。しかし、さまざまなビジネスに関与し、そのうちのいくつかを失敗させた今になって思うと、この言葉の重さが心にズシンと響く。オフィスや備品などをいくら立派に整えてもビジネスは前に進まない。ビジネスの第一歩は商品を売ることである。確かにその前にすべきことは山ほどあるが、商品を販売し、現金を確保しないとお金は出ていくだけである。

●新しい市場に参入する最も効果的な方法は、大衆商品をだれよりも安く提供することである

これも最初はバカにしていた言葉であるが、今になって振り返るとやはり重要な原則だと思う。どのような分野にもハイグレードな商品が存在しており、そうした市場でシェアを確保しようとすれば莫大な資金、時間、そして経験が必要である。そしてそうした分野に新規参入する人には、一般にこの３つの条件がすべて欠けている。したがって既存のハイグレードな商品と競争しようなどとは考えないで、消費者が最も望む商品やサービスを安く提供することである。もちろん、既存の競合各社よりも魅力的な商品を安い値段で売るのはけっして簡単なことではないが、それができれば幸先の良いスタートが切れるだろう。

●最終的な成功はやはり売ることにかかっている

伝統的なビジネスの知恵では、利益を上げるには商品のタイムリーな販売ではなく、仕入れの巧拙によって決まるとされているが、私はこれに賛成できない。確かに商品の適切な仕入れも大切であるが、そのための特別な才能は必要としない。少しの常識があれば仕入れ先はどこにあって、どのように交渉すれば安く仕入れられるのかはすぐに分かる。しかし、偉大な実業家や企業は消費者から受け入れられる商品の価値を高め、少しずつ値段を上げることによって利益率を向上していったのである（シャネル、ロレックス、レンジローバーもみんなそうだ）。

●新しいビジネスを選ぶとき、自分が常に経営にタッチしなくても独りで成長するようなビジネスを選択しよう

多くのプロの経営者はどれほど高額の給与をもらっていても、しょせんは雇われ経営者にすぎない。ところが多くの非公開企業（とりわけ創業者の個性や意欲によって成長してきた個人企業）は、オーナーがいないと成長どころか、日々の経営もままならない。このようなビジネスは絶対に避けるべきだ。確かにオーナー経営者ともなれば自己満足も大きいかもしれないが、その成長には限度がある。ビジネスを

大きく成長させたいのであれば、自分の資金、資産、または人材は投入してもよいが、自分自身がいつまでも経営の舵取りを支配してはならない。

●投資するときは損切りの限度額をはっきりと決めておく。その限度を超えたら、直ちに撤退すべきだ

新しいビジネスを始めるときは楽しい気分になるが、最悪の事態の備えを忘れてはならない。どのようなビジネスに投資しようとも、失敗だと分かったときの退出法を前もって決めておく。株式投資でいうストップロスのポイントである。不動産やその他のベンチャービジネスへの投資であっても、事前の退出プランをよく練っておき、万が一のときはそれを忠実に実行する。

●まずは強みを伸ばし、次に弱点を克服せよ

一般にビジネスで成功するには最初に弱点を是正するよりは、強みを伸ばすことのほうが近道である。もしもあなたがプレゼンテーションは得意だが、契約にこぎ着けるのが苦手な不動産ブローカーであるとしても何ら心配する必要はない。必要であれば、契約を結ぶのが得意な人を雇えばよい。大切なことは、今のプレゼン能力を「ほどほどに良い」から「ものすごく良い」のレベルに引き上げることである。だからといって自分の弱点を放置せよと言っているのではなく、自分の弱点を克服する努力も怠ってはならない。しかし、最初に自分の得意分野を伸ばさないと、ビジネスで成功することはできない。

●努力の分散化ではなく、一点集中の努力が成功のカギだ

ビジネスで成功した人々のなかは、ひとつのプロジェクトに一点集中して努力する人と多くのプロジェクトに手を出す人がいる。前者は短期間で専門技術をマスターする人、後者はバランス感覚に優れた人である。私もどちらかと言えば多くのことに手を広げるタイプの人間であるが、これまでのビジネスの成功と大きな資産は一点集中の努力によって達成してきた。あるビジネスで成功したいのであれば、その業界で成功する秘訣を徹底的に追究する。そのためにはおよそ4000～5000時間という膨大な時間が必要となる。しかし、どうも集中力に欠け、また隣の家の芝生がよく見えるとしたら、あなたの前途は多難であり、まだまだ経験不足であると言わざるを得ない。あなたがあちこちと目移りするタイプの人間であるならば、ひとつの分野に一点集中できるように自己鍛錬すべきである。

●勝ち組を伸ばし、負け組を切る

実際に成功した人の話や映画のサクセスストーリーからも成功のヒントは得られるかもしれないが、それらのビジネスアイデアやベンチャーも、最初からうまくいったものはほとんどない。これは重要なことなのでよく覚えておいてほしい。自分が信じるプロジェクトや投資には心情的に固執しがちであるが、このルールは必ず守るべきだ。マーケットがあなたのアイデアは素晴らしいが成功は無理ですよとささやいたら、絶対にそれを押し進めてはならない。直ちにプロジェクトを中断して、損失を最小限にとどめるべきだ。本当にそれが素晴らしいアイデアであれば、将来のいつの日か必ずもっと良い条件で実現するチャンスがやってくるだろう。

●パレートの法則（80対20のルール）によれば、80%の成功は20%の優れた部分からもたらされる

有名なこの法則は本当に貴重な成功のルールである。あなたの人生で実現する成功、富や満足のほとんどは、自分のスキル、プロジェクト、そして努力のわずかな部分からもたらされるのである。したがって毎日次のことを実行する習慣をつけなさい。「今の成功はどこから

もたらされたのか」と自問しながら、自分の努力の方向を常に見直してみる。

これら以外にも成功の秘訣はあったが、忘れてしまった。しかし、以上の成功のルールはビジネスについて自分の子供たちに教えたい最も重要なものである。なかでもとりわけ大切なことは、以下に述べることである。

特に大切なひとつのこと

私には３人の息子がおり、長男は映画産業のコンピューターエンジニア、次男は作曲家であるが、ハイスクールの学生である三男はまだ何をしたいのかが分からない。興味、希望、そして期待も異なるこれら３人の息子たちにとって、ただひとつの大切なことなどあるのだろうか。その答えをはっきりと言うことはできない。普通の親のように、私も彼らに幸せになってほしいと思う。そして今のこの年になって思うのだが、彼らが世のなかに出て自分の仕事をするとき、良いマナーを心掛け、他人には親切にし、そして自分よりも恵まれない人々に対しては思いやりのある心を忘れないでほしい。

彼らが子供のうちは、実用的な意味でいい子であってほしい。すなわち、車のなかでは私が安全に運転できるように行儀良く座り、交通事故などに遭わないように線路には近づかないように、また学校の宿題はきちんとやってほしい。一方、利他的な意味では親の言うことをきちんと実行し、この世のなかを今より少しでも良くしてほしい。こうしたことはけっして特別なことではなく、多くの親たちが望んでいることである。そして私の希望としては、自分の楽しみを犠牲にすることなく自分の目標を達成し、誠実さを失わずに仕事で成功してほしい。この２つのことを同時に実現する方法はあるのだろうか。私はあると思う。それは仕事（およびそれ以外のすべての生活）をきちんとこなし、成功と心の平和、そして幸福を実現する方法である。

幸いなことにその方法を一度覚えると、それを実行するのは実に簡単である。それは「ビジネス、対人関係および取引交渉などあらゆる関係において、自分が受け取りたいと思うようなメリットをほかの人に与えなさい。どのような行動を取るときでも、そのメリットとデメリットを考え、それにかかわるすべての人のことを思いやる」ということである。しかし、世のなかにはこうした考えの人ばかりではない。最近の大手企業の経営者などはこれとまったく反対のことをしている。最近ではビジネスで成功するには「ナンバーワンを目指せ」などと言われている。

実は私もそうしたことをしてきた。セールスマンをしていた若いときに、私はとても正当化できないような値段で商品を販売していた。自分には扶養する家族がいるのでこれも仕方がないと自分に言い訳していた。しかし、こうしたやり方では長期にわたって成功することはできず、後ろめたい気持ちから逃れることはできなかった。そこで正しいやり方を心掛けようと決心したところ、すべてが好転し始めた。ビジネスは成長し、対人関係は良くなり、満足感がどんどん高まっていった。

ほかの人に良くしようと心掛けると、最終的にはすべて自分の成功につながるということが分かった。彼らが私を自分にメリットをもたらしてくれる人とみなすと、彼らはどんどんと仕事を提供してくれるようになった。他人の利益を考えるということはリスクを取ることであるが、そのために費やした時間とお金はその何倍にもなって返ってくる。一部の人にとっては得る前に与えよなどということはバカなことに映るだろうが、私にとっては最も楽しいベストの成功に至る道である。

ここで私の友人の例を紹介しよう。彼は10年ほど前に、イギリスで傾きかけていた定期刊行物の会社を立て直そうと決心した。しかし、厳しい手段によって会社を立て直し、その後に会社を売却して利益を得ようなどとは考えずに、家族と一緒にロンドンに渡り、半年間は企業再建のために邁進した。その条件として彼はその企業の再建に成功したら、株式の半分を適正な価格で売却してくれるように新しいオーナーと口約束を交わした。私はそのときまで利益になる取引だけをしようという主義だったが、彼のやり方を見て次第に考えが変わった。彼の企業再建が軌道に乗り始めると企業価値が上がるので、結果的には自分の株式購入額が増加する。しかし、彼はそんなことは考えずに企業の立て直しだけに努力し、ついにその企業の再建を成し遂げた。

その結末は本当にハッピーエンドだった。新しいオーナーは一度は倒産しかけた会社が数年後に見事に再建されたのを見て、素晴らしい好条件で株式を売却してくれた。現在、この会社は最も生産的な資産を有する企業となり、さらに重要なことはこの友人は素晴らしい多くの人たち（従業員、取引先、経営幹部の同僚など）と良好な人間関係を築くことができた。彼らはみんな彼のビジネスのやり方を見ていたのである。

貴重な社員とは

このルール（まず最初に他人の利益を考えること）を私の長男の今の仕事に当てはめてみると、彼が社員として会社に与えている価値は会社が彼に支払うコスト（給与やその他の福利厚生）よりも大きいということである。私は自著『オートマチック・ウエルス』のなかで、どのようにすれば貴重な社員となるかについて詳述した。彼が会社で今の地位を得るために心掛けたことは次のことだった。

●毎朝だれよりも早く出社する

●販売の仕方、固定客を増やす方法、新製品の開発法など、会社にとって最も重要なことを理解する
●暇なときは会社の最も重要な目標（成長、収益性の向上、優れた顧客サービスなど）を達成するためのスキルを磨く
●上司がもっと成功するような方法を見つける
●社内政治には見向きもせずに、会社の重要な目標を実現するように努力する

社員が会社の重要な目標を素早く理解し、それを達成できるように時間とエネルギーを注げば、将来は間違いなくその会社を担う人物になるだろう。そうした社員は経済的な見返りを得るだけでなく、大きな責任も任せられるし、また自分の将来を発展させてくれる人々とも親交が持てるようになるだろう。もっとも、会社にとって貴重な存在になることでそうした見返りが得られるとはいっても、その目的のためにそうするのでは貴重な社員とは言えない。ここがポイントである。大切なことはまずは会社の利益を第一に考えるということである。

良き教育者とは

今度はこのルールを企業サイドから見てみよう。私がこれまで達成したビジネスの成功の半分は、私のために働いてくれた若い人たちのおかげである。今のコンサルタントの仕事の半分以上も、かつて私の部下だったこれらの人々からのものである。私は教育者としても大きな成功を収めてきたと思っているが、それによって何かを得ようというよりは、顧客の成功をひたすら願ってきたことがその勝因ではないかと思う。こんなことを言うのは少し恥ずかしいが、それでもこれは本当だと信じている。

ほかの人に教えるのは楽しく、特に利発な若い人たちに私が経験か

ら学んだことを話すのは大きな喜びである。私の成功を見習い、失敗を回避することによって、彼らは私よりも早く成功の階段を上っていくことができるだろう。これらの人々とビジネス関係を維持してきたことで、私は経済的にもそして個人的にも大きなメリットを享受している。私の目標がこれらの若者を利用して私を利することにあるならば、彼らは敏感にそれを感じ取るだろう。そうなれば、今のような親密な人間関係を保つことはできなかっただろう。

お人好しでもベストになれる

空港の書店で買ったジョン・ハンツマンの『ウィナーズ・ネバー・チート（Winners Never Cheat）』の最初のところを読んだ感想は、（独力で大きな富を築いた筆者が誠実さと寛大さについて語っている）この本は果たして本当だろうかということであった。大きな非公開企業のオーナーである筆者は自分の誠実さを得々と語っているが、元社員や取引関係者などはそれを本当に信じているのだろうか。私は１年ほど前に成功しているビジネスパーソンたちの前で、「魂を売り渡さずにビジネスで成功する方法」というテーマで話をした。私のビジネス人生のなかで余儀なくされた倫理的な妥協、それについて良心の呵責を感じたこと、うまく対処できれば何と素晴らしかっただろうなどと率直な体験談を語った。

参加者は一様に私のこの話にときにショックを受けながらも熱心に耳を傾けていた。もちろん、妥協しなくてもビジネスで成功することはできる。彼らはそうしてきたであろうし、人をだましたり、大きなうそをつくこともなかっただろう。彼ら自身もビジネスを通して世界に貢献してきたと述べている。しかし、あとで分かったことだが、これらの素晴らしい人たちのなかには、あの有名な企業（ワールドコム、タイコ・インターナショナル、エンロン）のために働いてきた人もいたのである。

参加者なかでひとりだけ自分の過ちを認める人がいた。大手証券会社のトップ営業マンである彼は私にこう語った。「あなたの話されたことは本当に心にグサリときました。私は毎日、『自分の仕事はうそをつくことだ。私はすべての顧客にうそをついている』と考えながら仕事に向かっています。悪質な大きなうそではないのですが、誇張や説明不足などはしょっちゅうです。うそをつかないとクビになってしまいます。自己正当化も甚だしいですね」。私は彼の誠実さを認め、次のように考えればそうした苦しみから解放されますよと言った。すなわち、彼がトップ営業マンになることを忘れ、自分が得ているのと同じように顧客も彼から大きな利益を受けていると考えれば、自分と会社に大きな利益をもたらすのではないか。「証券会社の営業マンとして、どのような利益を顧客に与えることができるのかを考えてはどうですか。そのなかに今の苦しみから解放される道があると思いますよ」と私は言った。

彼は利発で思慮深い人であったので、このことを心掛ければ誠実で満足する顧客は増えていくだろう。自分と同じように顧客もメリットを受けていると考えれば、新規の顧客を次々と開拓していく必要はない。あなたを信用してくれる今の顧客が新しい顧客を紹介してくれるからである。他人の利益をまず第一に考えれば、結局は自分の成功につながるうえ、将来には今よりもはるかに多くのお金が自分のもとに流れ込んでくるだろう。

ハンツマンは『ウィナーズ・ネバー・チート』のなかで、グレート・レークス・ケミカル社（大手化学品メーカー）のエマーソン・キャンペンCEO（最高経営責任者）と行った1986年の取引について語っている。ハンツマンはキャンペンCEOとの間で、自分の企業グループの１社の株式40％を5400万ドルでグレート社に売却する口約束を交わした。それから４カ月後の本契約締結までの期間に原材料価格が大きく値下がりし、ハンツマンの会社の利益率は史上最高に達した。これを見たキャンペンCEOはハンツマンに電話をかけ、口約束の5400万ドルは支払うが、ハンツマンの売却予定会社が得た2.50億ドルの半分をこちらに支払うよう求めた。

「フェアじゃないね」とキャンペン。

「キャンペンさん、あなたは自分の会社のためにそう言われているのでしょうが、私も自分の会社のための交渉しなければなりません」とハンツマン。

これなどは自分と同じようにビジネス相手も同じ利益を求めているという好例である。この話は私が最初にこの本に抱いた疑惑の念を払拭した。ラリー・キングはこの本のまえがきのなかで、「レオ・ドローチャー（アメリカの野球選手・監督）は、お人好しではビリ争いと言ったが、それはまったくの間違いだ。お人好しでも一番になれるし、しかも一番よりもっと良い結果をもたらすことがある」と述べている。

この言葉を聞いて思い出したが、それはビジネス上の公平さは人間関係の公平さと同じであるということである。もしもあなたがずっと婚姻関係が続いてほしいと願うのであれば、結婚から何が得られるのかではなく、配偶者のために何をしたら喜ばれるのかを考えるべきだ。これはビジネスについても同じであり、人間関係でトラブルばかり起こしている人は、長期にわたってビジネスをうまく進めることはできないだろう。まずは他人の利益を考えよとは人間の本性ではないが、そうした努力をしなければ、われわれ人間の世界に進歩はないだろう。

第9章
金持ち投資家、貧乏投資家
Rich Man,Poor Man

リチャード・ラッセルは1958年から「ダウ・セオリー・レターズ（Dow Theory Letters）」というニュースレターを執筆・発行しており、これはひとりの人間が継続的に発行している投資情報紙としては最長記録である。彼は現在81歳であるが、今も各種マーケットのコメントやその日のトピックスを書き続けている人気の高い日刊ｅレターの現役編集長である。毎朝３時ごろに起床して、多くの新聞を読み始め、マーケットがクローズする直後にｅレターを書き終える。彼こそは私のビジネスヒーローである。

リチャードは1960年にその投資情報紙で初めて金鉱株を推奨したのをはじめ、1949～1966年の長期の大相場を予想したほか、1974年の下降局面の大底で新たな強気相場の到来を予測した（悲観一色だった1974年末に来る上昇相場を予想するとは）。彼は世界大恐慌や二度の世界大戦（第二次世界大戦では爆撃機の爆撃手を務めていた）、数多くの強気・弱気相場を生き抜いてきた。おそらくリチャードは先天的なマーケットの天才であり、彼の記憶のなかにはわれわれが知り得ないようなさまざまな体験が刻み込まれているのだろう。彼の日刊ｅレターにはこうした過去の知恵が盛り込まれており、われわれに将来の指針を示している（詳しくは「http://www.dowtheoryletters.com/」にアクセスしてください）。――ジョン・モールディン

金持ち投資家、貧乏投資家

リチャード・ラッセル

　お金を儲けるには株式や債券相場がどちらに向かうのか、数年後に2倍になる銘柄や投信ファンドはどれなのかなどを予測するだけではダメである。ほとんどの投資家がお金を儲けるには、投資プラン、自制心、そして強い願望が必要である。私は「ほとんどの投資家」と言ったが、もしもあなたがスティーブン・スピルバーグ（アメリカの映画監督・作家）やビル・ゲイツであれば、ダウ理論やマーケット、または利回りやPER（株価収益率）などを知る必要はない。あなたがある分野で非凡な才能を持っていれば、それだけで大きなお金を稼ぐことができるからである。しかし、そうしたことは極めてまれなので、私を含む平均的な投資家は明確な投資プランを持つ必要がある。もしもあなたが真剣にお金を得たいと思うならば、次の投資ルールを順守すべきである。

複利の力

ルール１	複利の威力を知れ！

　今の世界で生きるうえで最も大切なことのひとつは、お金を得る

ことである。ハッピーに生きるには愛、心身の健康、自由、知的刺激なども不可欠であるが、それでもやはりお金は必要である。私が自分の子供たちにお金のことを教えるとき、最初に話すのは複利のことである。複利は金持ちに至る王道である。それは安全で確かな道であり、しかもだれでも実行できるものである。複利でお金を増やすには、貯蓄の道を確実に進むという忍耐力が求められる。また自分のしていることとその理由を理解するための知性、複利の道を忠実に歩んだあとにもたらされる大きな報酬を評価する数学の知識なども必要である。そしてもちろん、複利の力を発揮するための時間は絶対条件である。複利の威力を発揮させるには時間がかかることを忘れてはならない。

ただし、この複利のプロセスにも２つの欠点がある。そのひとつは増えていくお金を使ってはならないという我慢を強いられること、もうひとつはその道のりが退屈なことである（お金が増え始まる７～８年間が特に退屈だ)。しかし、この複利の道はとてもおもしろいし、本当に胸がわくわくする（私の言うことを信じてください)。複利の力を証明するために、ノーマン・フォスバックが発行するニュースレター「マーケット・ロジック」に掲載された次のような表を再掲する。

投資家Ｂは19歳でIRA（個人積立退職年金）に加入し、それから７年間に毎年2000ドルずつ積み立てた（IRAの平均成長率は金利などを含めて年間約10％)。一方、投資家Ａは(投資家Ｂが積み立てをやめた) 26歳に加入し、毎年2000ドルずつ65歳まで積み立てた。**表9.1**を見ると、その結果には本当にびっくりする。投資家Ｂはわずか７年しか積み立てしなかったが、あとから40年間もせっせと積み立てた投資家Ａよりも受取額が多いのである。この大きな差を生みだしたのは、７年先に積み立てを始めた複利の力である。このわずか７年間の複利が、それよりも33年間も多い積立額を追い抜いてしまったのである。どうかこの表をあなたの子供たちに見せてほしい。こうした複利のメリットを享受するには、地方債、MMF（マネー・マーケット・ファンド)、

表 9.1

複利の力

	投資家A		投資家B	
年齢	積立額	年末の金額	積立額	年末の金額
8	-0-	-0-	-0-	-0-
9	-0-	-0-	-0-	-0-
10	-0-	-0-	-0-	-0-
11	-0-	-0-	-0-	-0-
12	-0-	-0-	-0-	-0-
13	-0-	-0-	-0-	-0-
14	-0-	-0-	-0-	-0-
15	-0-	-0-	-0-	-0-
16	-0-	-0-	-0-	-0-
17	-0-	-0-	-0-	-0-
18	-0-	-0-	-0-	-0-
19	-0-	-0-	2,000	2,200
20	-0-	-0-	2,000	4,620
21	-0-	-0-	2,000	7,282
22	-0-	-0-	2,000	10,210
23	-0-	-0-	2,000	13,431
24	-0-	-0-	2,000	16,974
25	-0-	-0-	2,000	20,872
26	2,000	2,200	-0-	22,959
27	2,000	4,620	-0-	25,255
28	2,000	7,282	-0-	27,780
29	2,000	10,210	-0-	30,558
30	2,000	13,431	-0-	33,614
31	2,000	16,974	-0-	36,976
32	2,000	20,872	-0-	40,673
33	2,000	25,159	-0-	44,741
34	2,000	29,875	-0-	49,215
35	2,000	35,062	-0-	54,136
36	2,000	40,769	-0-	59,550
37	2,000	47,045	-0-	65,505
38	2,000	53,950	-0-	72,055
39	2,000	61,545	-0-	79,261
40	2,000	69,899	-0-	87,187
41	2,000	79,089	-0-	95,905
42	2,000	89,198	-0-	105,496
43	2,000	100,318	-0-	116,045
44	2,000	112,550	-0-	127,650
45	2,000	126,005	-0-	140,415

表9.1

	投資家A		投資家B	
年齢	積立額	年末の金額	積立額	年末の金額
46	2,000	140,805	-0-	154,456
47	2,000	157,086	-0-	169,902
48	2,000	174,995	-0-	186,892
49	2,000	194,694	-0-	205,581
50	2,000	216,364	-0-	226,140
51	2,000	240,200	-0-	248,754
52	2,000	266,420	-0-	273,629
53	2,000	295,262	-0-	300,992
54	2,000	326,988	-0-	331,091
55	2,000	361,887	-0-	364,200
56	2,000	400,276	-0-	400,620
57	2,000	442,503	-0-	440,682
58	2,000	488,953	-0-	484,750
59	2,000	540,049	-0-	533,225
60	2,000	596,254	-0-	586,548
61	2,000	658,079	-0-	645,203
62	2,000	726,087	-0-	709,723
63	2,000	800,896	-0-	780,695
64	2,000	883,185	-0-	858,765
65	2,000	973,704	-0-	944,641
差引投資額		(80,000)		(14,000)
純利益		893,704		930,641
投資額に対する倍率		11倍		66倍

出所＝マーケット・ロジック

短期債（Tビル）や中期債（Tノート）など何でもかまわない。

ルール2　お金を失うな！

なんだそんなことかと思われるかもしれないが、どうかバカにしないでほしい。あなたがお金持ちになりたいのであればお金を失うな、もっと正確に言えば大損をするなということである。バカバカしく思われるかもしれないが、多くの人はバカげた投資、ギャンブル、いかがわしい取引、貪欲さ、タイミングの読み誤りなどでお金を失っている。私は50年間も人々に投資の話をしてきたが、本当に多くの人たちが株式、オプション、不動産、ローン、ギャンブル、自分の商売などで損（それも大損）をしているのである。

ルール3　お金持ちはマーケットを必要としない！

金持ち投資家は素人、初心者および貧乏投資家よりも極めて有利な立場にある。それは彼らがマーケットを必要としないということである。このことはメンタルな面でも、またお金に対する態度にも表れている。金持ち投資家がマーケットを必要としないのは、彼らがすでに必要なお金を所有しているからである。お金は債券、MMF、株式、不動産などからもたらされるが、金持ち投資家はマーケットでお金を儲けなければならないというプレッシャーには迫られていない。しかも金持ち投資家は価格評価のエキスパートである。債券価格が安く、利回りが極めて高いときは債券を買う。株式がバーゲン価格に下がり、そのリターンがかなり魅力的になれば株式を買う。不動産の買い時には不動産に投資するし、宝石や貴金属が安くなれば金やダイヤモンドを購入する。このように金持ち投資家はバリュー投資が有利になったときにお金を投資する。

一方、金持ち投資家は有利な投資対象がないときはチャンスを待つ。毎日、毎週、そして毎月お金が入ってくるので、有望な投資対象が現れるまで待つ余裕は十分ある。これに対し、貧乏投資家はどうか。彼らは常にお金を儲けなければならないというプレッシャーに迫られている。マーケットで何かをしなければならないといつでも焦っているが、残念なことにマーケットのほうがほほ笑んではくれない。高利回りのときに株式を買わないで、ラスベガスに行ってルーレットに釘付けとなる。毎週のように宝くじを買ったり、隣人がそっと教えてくれたいかがわしいものに投資したりする。

貧乏投資家はマーケットに何かをさせようとするので常に負けてしまう。買い時ということを考えないので、いつも持ち出しである。彼らは複利の力もお金のことも理解していない。「金利を知っている人はそれを得る、知らない者はそれを支払う」という諺も聞いたことがない。貧乏投資家とは借金で首が回らない典型的なアメリカ人である。彼らはマイホーム、冷蔵庫、マイカーなどを買うために常にあくせく働いており、年がら年中いらいらしている。とにかく金だと言って、一山当てることばかりを考えている。そして最後にはマーケット、ギャンブル、うさんくさい投資などで損をしている。結局は経済の下降エスカレーターに乗っているのである。これは何も貧乏投資家を皮肉っているのではない。彼らも使うより増やすという原則を厳しく実行すれば、またはお金を有利な投資対象で複利運用していけば、金持ち投資家のように毎日、毎週、そして毎月お金が入ってくるようになる。哀れな敗北者の代わりに、リッチな勝者になれるのである。

ルール4　バリューを見つけろ！

投資家が基本的な複利運用法を一時中断してもよいのは、株式市場などで極めて魅力的なバリュー株が見つかったときなどである。そうした株式とは、①安全性が高い、②有利なリターンが見込める、③大きなキャピタルゲインが期待できる――ような銘柄である。それ以外のときは、長期的に安全で大きな利益が得られる複利運用を心掛ける。

時間との戦い

こんなことは証券マンも言わないし、また「市場平均に打ち勝つ法」と銘打ったハウツー本にも書かれていない。すべての投資（および投機）は基本的に時間に打ち勝つ行為である。有望な銘柄を見つけたり、上昇相場の天井圏で保有株を売却したり、または短期のトレードをしていても、投資家がしていることはすべて時間との戦いである。自分が保有する投資ツールのなかで時間は最も貴重な資産であるが、問題はわれわれ人間には十分な時間がないということである。ここで次のような仮説を考えてみよう。200年間も投資できると仮定して、表面利率5.5％の地方債に２万ドルを投資したとしよう。この投資額は13年で倍増するが、そのときに１万ドルを追加投資する。その結果、13年後の残高は２万ドル×２＋１万ドル＝５万ドルとなる。これを繰り返すと次の13年後には11万ドル、次の13年後には23万ドルとなり、200年後の残高は最初の投資額の15.3倍に増える。このように十分な時間をかければ、最低のリスクで必ず金持ちになることができる。これができれば、有望な銘柄や投信ファンドを見つける時間も必要ないし、最大の資産である時間を使って複利で資金を増やしていける。

もっとも現実には200年も生きることはできないが、若いうちからこうした投資を始めれば30～60年の時間は確保できる。時間がない多くの投資家は、（投資の本質である）時間に打ち勝とうとして膨大な時間とエネルギーを消耗している。例えば、３ドルから100ドルまで上昇する株式があるとして、それを買って十分な時間をかけて利益を手にすれば、それは時間に打ち勝ったことになる。または自社から付与されたオプションが３ドルから25ドルに上昇するまで保有していれば、これも時間に打ち勝ったことになる。その一例を挙げれば、英タイムズ紙の創刊者であるジョン・ウォルターはAT&Tに入社したが、わずか９カ月で解雇された。その理由は、彼は知的リーダーシップに欠けるというものだったが、ウォルターはそのわずかな退職金を2600万ドルにまで増やしたのである。これも時間に打ち勝った好例である。

マーケットにおける希望は禁物

楽観的で希望を持つのは人間の本性であり、希望を抱くのは健全な精神状態である。その対極にあるのがマイナス思考で、それは怒りや失望・絶望につながる。マイナス思考の人間にとってこの世界は苦しい場所であり、厭世的なことばかりを考えてしまう。しかし、株式市場においてはこの２つはまったく逆の意味を持つ。すなわち、希望は何の手助けにもならないばかりか、むしろ成功の妨げになる。いったん株式を保有すると、あとは値上がりを祈るだけである。もしもその株式が真のバリュー株であれば、希望や何の手助けも必要とせずに時間の経緯とともに値上がりしていく。そうした株式にとって必要なものは忍耐だけであり、最後にはその忍耐力が報われて利益となる。そこでは希望は何の役割も果たしていない。バリュー株を適正な価格で購入すれば、希望などは不要である。

投資の世界で希望が必要となるのは間違った道を進んでいるとき、または修正すべきバカげたことをしているときである。希望は金食い虫であり、値下がりする株式にあなたを縛り付けておくものである。希望は小さな損失で逃げることを妨げ、損失をどんどん大きくさせる。希望は現実を見えなくさせ、常識を曇らせる。投資における最初のルールのひとつは「大きな損失を出すな」であるが、そのためには現実を直視しなければならない。下降相場で株式を保有している投資家は、現実には起こらないことを願っており、それは貧困に至る道である。そうした希望はその投資家を救うことはなく、また一銭の利益ももたらしてはくれない。投資の世界における希望は投資家を破滅に導く悪魔である。そうした投資家に対する私からのアドバイスは、希望を捨てて冷酷な現実を見よ、である。

行動に勝るものなし

数日前、ひとりの若いｅレターの読者が訪ねてきて次のような質問をした。「1940年代後半からマーケットに関与されてきたあなたにとって、これまで学んだうちで最も重要な教訓は何ですか」。私はすかさずこう答えた。「それはあの有名な精神分析学者のフロイトが言ったことです。彼は『考えることはリハーサルである』と言いましたが、それは考えることは行動の代わりにはならないという意味です。特に投資の世界では行動に勝るものなしですね」。これに関連してもうひとつのエピソードを紹介しよう。1920年代の絶頂期のJ・P・モルガンのところにひとりの若者がやって来て、次のような質問をした。「モルガンさん、お忙しいところすみませんが、私に適切なアドバイスをしてください。私は今ぱっとしない株式を抱えており、とても不安なのです。この株式のことを考えると夜も眠れないのですが、この株がとても好きなのです。こうしたジレンマにある私はどうすればよいのでしょうか」。モルガンはすかさずこう言ったそうだ。「眠れるところまで持ち株を減らしたらどうですか」

この教訓もまた同じ、まさに行動に勝るものなしである。投資のみならず実生活においても、考えているだけではリハーサルにすぎず、行動することを学ばなければならない。これが私が投資の世界で学んだ最も重要な教訓である。これについてもうひとつのエピソードを付け加えると、成功した大金持ちの投資家が私にこう言ったことがある。

「証券マンがなぜ金持ちになれないのか分かりますか」

「分かりません」

「彼らは自分の強気の相場観を信じられないのですよ」

これも同じ教訓である。強気相場で儲けたいのであれば、考えたり話したりしているだけではダメだ。まずは株を買うことである。証券マンはそれができない。それができる証券マンを見たことがあるだろうか。

自分の人生を振り返ると多くの失敗をしてきたが、その原因はすべてこの行動するという原則を忘れたり、または無視したことにある。考えることはリハーサルにすぎず、失敗したときの私は行動する代わりにリハーサルをしてしまったのである。悪い投資に限らず、悪い結婚、チャンスの取り逃がし、間違ったビジネス上の決定などについても、その原因はすべて行動しない理由を考えてばかりいることにある。ほとんどの場合、行動しない理由を考えているよりは行動したときのほうが良い結果がついてくる。「考えることはリハーサルにすぎない」というこの一文の意味を理解すれば、あなたは極めて貴重な教訓を学んだことになる。これは私を何回も危機から救ってくれた救世主のような言葉である。

第10章
ミレニアムウエーブ
The Millennium Wave

投資問題の著名なエキスパートであり、また第一人者でもあるジョン・モールディン（ミレニアムウエーブ・インベストメンツの社長）は、個人投資家のマネーマネジメント、金融サービスおよび投資を専門に活動している。彼は多分野にわたるコラムや書籍（『ブルズ・アイ・インベスティング（Bull's Eye Investing）』はベストセラーになった）を執筆しているほか、150万人以上の読者を持つ週間ｅレター「ソーツ・フロム・ザ・フロントライン（Thoughts from the Frontline）」の編集長でもある。また特定の投資家向けにヘッジファンドなどに関する情報レターも提供している。彼の活動分野を見ても分かるようにその専門知識はかなり広範にわたっているが、複雑な金融や証券の専門知識を一般投資家にも理解できるように説明するたぐいまれな才能を有する。そのバックグラウンドには多岐にわたる研究と体験があり、これまで40カ国以上の国を訪問している。人気の高いスピーカーでもあるモールディンは、さまざまな投資セミナーや会合でも講演している。テキサス州アーリントンに在住し、11～28歳の子供が７人いる（そのうちの５人は養子）。ジョンのウエブサイトは「http://www.johnmauldin.com/」。本章では歴史上かつて見られないほどのスピードと広範囲にわたり、多くの変化が押し寄せるこれからの10年間を展望する。そうした変化の波は彼の言う「ミレニアムウエーブ」という形で一挙に到来しつつあり、その意味では人類史上で最も激動した時代の幕開けともいえよう。

ミレニアムウエーブ

ジョン・モールディン

「われわれはこの世界を新しい目で見なければならない。すなわち、これまで当然視していたすべてのものを外から見直すということである。従来の考え方が現実と合わなくなっても、まだそこから抜け出すことができなければ、来る混迷の時代には新しい変化の波に翻弄されるだろう。そうなれば仕事や投資だけでなく、生活基盤そのものも脅かされるだろう」――ジェームズ・デール・ダビッドソン＆ウィリアム・リースモッグ著『ザ・ソブリン・インディビジュアル（The Sovereign Individual）』（1997年）

今後10～12年間に３回の景気後退が到来し、平均PER（株価収益率）は徐々に低下して歴史的な低水準に達するだろう。景気減速とインフレ進行の元凶は原油やエネルギー価格の高騰であり、インフレの進行に伴って商品相場が大きく上昇する一方で、債券価格は下落するだろう。インフレの影響は住宅市場にも波及し、住宅価格はこれからも上昇傾向をたどり、ドルは主要通貨に対して引き続き低下していくだろう。一方、現在の戦争は次第に国民の支持を失い、次期政権は勝利を宣言しながら撤退を余儀なくされる。アメリカの有権者の考えはこれまでになく分裂し、その投票パターンには世代間の大きな変化が表れる。新聞紙上では今後数十年を待たずして、あるアジアの国が世界経済を支配するという記事が引き続き紙面をにぎわせるだろう。

こうした暗い変動期のあとには次の新しいイノベーションの時代が到来し、株価も新たな上昇トレンドを形成する。新しいイノベーションは想像を絶するような形で世界を一変させ、われわれはまったく新しい工業社会に突入し、新しい権力と能力は一部の個人と国に集中する。こうした変革のシナリオはすでに1970年に描かれていた。1970年以降の数十年間に世界で起こった大きな変化はそれまではSF（空想科学小説）だけの世界であり、その当時に今のようなインターネットが広く普及するとはだれが想像できただろうか。また1989年にベルリンの壁が崩壊し、日本がアメリカを含む世界経済を支配できず、中国が資本主義の道を歩み、ソ連が崩壊するとだれが予想できただろう。その当時の最も大型コンピューターよりも高性能のパソコンが人々のデスクに置かれ、自動車にも搭載されたり、世界経済がグローバル化するとはだれが想像しただろう。先進国で人口減少が深刻化し、緑の革命が発展途上国の多くの命を救うことになると予想した人がいただろうか。

1970年代のアメリカのムードは暗かった。日本の工業基盤は弱体化し、失業率は上昇していた。当時のレーガン大統領はカーター候補との論戦で困窮指数（インフレ率＋失業率）に盛んに言及していたが、今ではすべてが変わってしまった。一貫しているのは変化のペースが加速化していることだけである。

「私の関心は将来にある。私の残りの人生がそこで送られるからだ」
―チャールズ・ケタリング（アメリカの電気技師・発明家）

アルビン・トフラーはその革新的な著書『第三の波』（中央公論新社）のなかで、第一の波を農耕社会、第二の波を産業社会、第三の波をエレクトロニクスのデータと通信革命の時代と呼んだ。その第三の波の社会では、われわれはバーチャルなビジネス場所に電子ハイウエーを経由して毎日仕事を送る「エレクトロニクス村」に住むことになる。

25年前に書かれたこの本は本当に先見性のあるものだった。トフラーが描いた第三の波の社会とはすべてがカスタマイズされ、政府と企業の垣根がなくなり、ファジーと変化にあふれた世界である。現在はトフラーの言う第三の波の社会にあると主張する人もいるが、私は今の世界はその内容と性質がまったく異なる社会であると思う。

トフラーが描いた第三の波の社会とは、イノベーションがもたらすいわゆる情報時代と呼ばれるものであるが、その途上にある今の世界では仕事や娯楽の形態にもさらに大きな変化が起きている。すなわち、これまでのようにイノベーションの波が次々と到来するというよりは、大きな変化とイノベーションの多様な波が全世界にほぼ同時に波及する。その複合的な影響は人類史上かつて経験したこともないような変化を引き起こしている。私はこうした変化の波を「ミレニアムウエーブ（Millennium Wave）」と呼ぶ。それは想像を絶する規模とスピードですべてを一変させる。この波は健康と長寿、生活の必需品と選択肢を拡充・充足させるというプラスの効果をもたらす一方で、将来に対する考え方を常に調整しなければならないという必要性も強いる。将来のプランを正確に立てようとすればするほど、その変化の大きさに驚かさせるだろう。こうした社会ではフレキシブルな考え方が不可欠である。断酒会の祈りの言葉を借りれば、「われに変化するものと変化しないものの違いを区別できる知恵を授けよ」である。

ほかの章にも出てくる「自分の子供たちに伝えたい大切なひとつのこと」について、私は将来の変化の時代を生きるための知恵として、われわれの生活を根底から変えるスピードの速い技術的変化や文化的変化に対応する能力を挙げたい。しかし、今の社会にも極めてゆっくりと変化するトレンドや生活パターンがあるため、それらをどのようにミレニアムウエーブと統合するのかが投資と生活面でも大きな問題となる。まず投資の世界では多くの投資家の心理として、今のトレンドは将来にも続いていくと考えるだろう。それらの人々は口先ではすべてが変化すると言っても、心のなかでは変化を恐れており、変化を前提とした投資行動を取ることもない。

これについて現代の著名なエコノミストであるハーバート・スタインは、「持続できないトレンドは持続しないだろう」と簡潔に表現している。しかし、多くの投資家は今のトレンドが将来にも続いていくと考えており、第３章でマーク・フィンも述べているように、われわれはどうしても過去のリターンを将来のパフォーマンスを予測するときの基礎としてしまう。すべての投資家は「今回は違う」という考えで自分の行動を正当化したり、変化の影響が顕在化しても迅速に対処できる（または無視できる）と考えているが、実際にそんなことはできるはずがない。

私のキャリアも常に変化してきたが、そんなことは何百万人といる起業家やビジネスマンの一例にすぎない。われわれはさまざまな変化と共生していかなければならない。日常生活で目にする変化は大きな変化のうねりに比べると微々たるものかもしれないが、それでも世界の何十億という人々がほぼ毎日急速な変化を経験している。今後35年間にどのような生活を送るのかは、急ペースで進展する変化にどのように対処するのかを意味する。これからも進展し続ける私自身の変化も、世界全体で起こる大きな変化の反映である。私はそうした変化のいくつかについて、「これが自分の最後の適応だよ」と友人たちに語りながら喜んで受け入れてきた。多くの投資家は現在のトレンドが将来も続くと思っているが、私もその例外ではない。しかし、現実はけっしてそうはならないだろう。私が進む道は大きく変化し、10年後も同じ道があることはないだろう。

私は30年前に今のキャリアを踏み出したが、その当時はファクスや翌日便もなかったし、電話料金は本当に高かった。20年前にはパソコンもなく、今のパソコンに比べるとその当時のパソコンは子供のおもちゃにすぎない。わずか数年前にはニュースレターの発送費も高かったが、今ではただ同然である。調べものは図書館に行ってするか、または個人的に収集した書籍類や新聞・雑誌のスクラップブックに頼らざるを得なかった。それが今では私のメールボックスに毎日数え切れないほどのメールが届くし、グーグルを利用すれば膨大なデータが瞬時に入手できる。この数年間にパソコンで収集したリサーチデータは5ギガバイトにも達するが、わずか数個のキーをたたくだけで簡単に検索できる。10年前にはリサーチに1カ月、執筆に1週間をかけて8～10ページの週間レターを完成していたが、今では金曜日の午後にパソコンで5分ほどでできてしまう。10年前には海外の購読者はほとんどいなかったが、今では全世界の読者が数千人を数える。

このように変化は目まぐるしく進展している。それらの変化は楽しいものばかりではなく、私も時に適応するのが大変だと感じることもあるが、今のキャリアを続けていくかぎり、それらを現実として受け入れなければならない。「変化は電車のようなものである。それに乗って未来に進まないとひかれてしまう」。牛を引いて町に行く中国の農夫がかつて私に、今の変化のスピードにはついていけないと語ったことがあるが、その中国やロシア、そしてその他の発展途上国のこの10年間の変化は想像を絶する。最近亡くなった私の父は1920年代には四輪車で町に通っていた。それから40年後に彼は人類が月に立つのをテレビで見ていた。このように変化のスピードはますます加速している。

1967年にヒットした「卒業」という映画のなかで、ダスティン・ホフマン扮する若者がプラスチック製造会社に就職したらどうかと勧められるシーンがあった。当時プラスチック業界は時代の花形だった。しかし、彼がこの業界に入っていたら今ごろは悲惨な人生を送っていただろう。何しろ1967年から今までにプラスチック業界では40％以上の雇用が失われたのだから。その一方でプラスチック産業に代わる新しい産業が続々と生まれている。プリンストン大学のアラン・クルーガー教授によれば、今の仕事の４分の１は1967年当時の国勢調査局の職業コードにはなかったものである。その当時有望な職業は何かと聞かれたとき、「分かりません」という答えが正解だったが、それは今でも同じである。1967年当時にはパソコンはもとより、光ファイバー、インターネット、携帯電話、ロボティクス、バイオテック……、こんなものは何もなかった。

30年後から今を振り返ると、革命的とも言えるスピードの変化に驚くだろう。これと同じように1975年当時に今の変化を想像することはできず、2005年の現在から2035年の世界を想像することはさらに難しい。全世界には数多くの起業家が存在し、将来の大企業に向けた布石作りに励んでいる。新しいマイクロソフトやイーベイ、アムジェン（世界屈指のバイオテック会社）を誕生させるのは、急速な変化がもたらす新しいチャンスである。一方、（文字・音声認識装置、フラットヘッドスキャナー、音楽合成装置など）数々の発明によって20世紀後半に名を馳せた著名な発明家のレイ・カーツワイルは10人の専門チームを結成し、テクノロジーの発展をフォローし、今後10～100年後の世界を予測している。

彼の未来に対する情熱はすさまじく、2001年に書かれた次の文章も注目に値する。

「最初の発明である鋭い刃、火や車輪を生み出すのに人類は数万年を要した。この時代には1000年がたっても目立った技術は生まれなかった。紀元後1000年までに技術革新のスピードは飛躍的に速まり、100～200年に短縮された。19世紀になるとそれ以前の900年間よりも多くの技術が誕生した。20世紀最初の20年間には19世紀よりも技術革新のスピードが速くなり、それが今では数年間で一変するまでになった。例えば、数年前には今のようなWWW（ワールドワイドウエブ）はなく、ましてや10年前には存在もしなかった。このようにイノベーションのスピードはほぼ10年ごとに２倍に加速し、21世紀のそのスピードは過去200年間のスピードに相当する。20世紀のイノベーションのスピードが約25年だったことを考えると、21世紀のそのスピードは20世紀のほぼ1000倍となる」

レイの言うようにイノベーションのスピードは加速する一方であり、現在のペースでテクノロジーが発展し続けると、今の1000倍のイノベーションが今後20年間で起こることになる。彼がこの文章を書いた2001年以降もイノベーションが急スピードで進展しており、そのスピードはまもなくわずか数年間に短縮されるだろう。「……20年間で20世紀全体で生まれた技術が一新されるという今のペースのイノベーションが今後も続けば、そのスピードは14年間、７年間と短縮されていくだろう」（レイ・カーツワイル著『ファンタスティック・ボイッジ（Fantastic Voyage)』）。今のイノベーションのスピードが続いていけば、25年間でそのペースはほぼ４倍に加速することになる。

その一例を挙げると、最近のウォール・ストリート・ジャーナル紙にセレラ・ジェノミクス社（人間の遺伝情報であるヒトゲノムの解読を進めている米バイオサイエンス会社）の最新情報が一面トップで掲載された。同社のクレイグ・ベンダー社長によれば、DNA（デオキシリボ核酸）の塩基（遺伝暗号文字）配列の読み取りが急スピードで進んでおり、今後２年以内にヒトゲノム解読が完了するという。同社の進めているプロジェクトは人工生物を作り出すことであり、今後30年間にも細胞やバクテリアとの遺伝子接合も可能になるという。同社のプロジェクトが成功すれば、われわれ人間は新しい人体機能を持つための基礎が築かれる。

われわれは2005年という現在から、今後20～30年先の将来を見通すことができるだろうか。その場合、変化するものを予測するヒントは変化しないもののなかにあり、次世代の子供たちが生きる未来の世界もそこから垣間見ることができる。今後40年を経てもおそらく変わらないであろうものが３つある。そのひとつはイノベーション・サイクルであり、そのスピードと規模は大きく変化しても、われわれ人間の発展に見合ったサイクルが繰り返されるという点ではこれまでと変わることはない。二番目は景気と長期相場のサイクルであり、景気変動に伴って相場も強気から弱気へ、または弱気から強気へとこれまでと同じように変化していくだろう。そして最後は人間の心理であり、以上のサイクルを作り出しているのがわれわれ人間の心理である。その意味ではこれも楽観と悲観の間を揺れ動くこれまでのあり方と何ら変わることはないだろう。

イノベーション・サイクル

ロシアの経済学者ニコライ・コンドラチェフは、景気の長期波動が55～60年のサイクルで循環することを発見したが（いわゆる「コンドラチェフの波」）、波動期間については56年、73年または69.3年など専門家の間でも意見が分かれている。その信奉者たちはコンドラチェフの波からマーケットのサイクルもほぼ正確に予測できると主張しているが、米経済学者のジョゼフ・シュンペーターによれば、イノベーション・サイクルは期間というよりはイノベーション・サイクルと密接な関係があるという。ある市場に新しいイノベーションが10％浸透するにはかなり長い時間を要するが、それから90％までは急速に浸透してしまう。「Ｓカーブ」と呼ばれるこのイノベーションのサイクルが（最後の10％の浸透度である）成熟段階に達すると、ほぼすべての人々が利用できるようになる。こうしてイノベーション・サイクルが完了すると、その成長ペースは経済成長（GDP＋インフレ率）と同じく大きく鈍化する。イノベーションはまだ浸透していない地域にも広がり続けるが、欧米などの先進諸国で飽和状態に達すると、それはもはやイノベーションではなく単なる日常品にすぎなくなる。多くの企業が相次いで生産に乗り出すため、その価格も低下の一途をたどる。

一方、エコノミストのハリー・デントはその著『ザ・ロアリング2000s（The Roaring 2000s）』のなかで、イノベーション・サイクルを、①誕生期、②成長期、③反動期、④成熟期、⑤完成期——の５段階に分けている。成長期に続く反動期には、多くの人々が熱狂的に投資に走るので生産能力は過剰になる。すなわち、われわれ人間は将来に到来するものよりも今流行しているものに飛びつくので、需要が生産に追いつかず大きな反動減に見舞われる。「今回は違う」という掛け声とともに、生産が過剰になれば価格は下落するという経済の原則を無視して、今のトレンドが将来も続くとつい錯覚してしまう。例えば、海底光ファイバーのケースを見ても、最初のプロジェクトは大きな利益と将来の期待感を膨らませるが、その後に新規参入が相次いで生産過剰になるとその価格は一気に暴落する。

こうしたことは鉄道事業についても同じである。イギリスで最初に鉄道が敷設されたとき、その利益は予想をはるかに上回るものだった（初期の投資額は１年目に全額回収できたという）。しかし、それから150年後の光ファイバーと同じように、多くの企業が鉄道事業に参入するとばたばたと倒産が相次いだ。20世紀の初めには自動車メーカーも数百社、電話会社も数千社を超えたが、これらはいずれも新しいイノベーションの誕生期の光景である。しかし、時の経緯とともに需要は生産に追いつき、もっと多くの鉄道が必要となり、イノベーションの成熟期に入る。初期の投資家にとっては残念であるが、社会全体にとっては便利であり、生産増とコスト低下の恩恵を受けて新しい市場が広がり、大きなビジネスチャンスが生まれる。こうしたことは海底光ファイバーについても同じであり、そのうちに光ファイバーの建設ラッシュが到来するだろう。

私の予想によれば、今はまだ情報時代の成長期にあり、真の反動期はまだ到来していない。ブロードバンド（広帯域）がアメリカのすべての世帯にどのように普及するのかは予想がつかず、10年後にどの企業が携帯電話、インターネットやケーブル市場を支配するのかも分からない。しかし今にして思えば、あのドットコム・バブルは情報時代の来る反動期の前触れだったのかもしれず、その状況もこれまで繰り返されてようなクラシカルな形となるだろう。すなわち、製品やサービスは過剰気味となって価格は暴落し、大手企業でも倒産する会社が続出する。そして時の経緯とともにそうした生産過剰も増大する需要に吸収され、情報時代の成熟期がやって来る。

このイノベーション・サイクルも新しい変化のあり方によってその期間も変わってくる。ただし、その誕生期に手を出してはならず、新しいイノベーションの輪郭がはっきりとしてきたら、やや長期の展望に立って投資する。そして新しい製品が市場にあふれてきたら、直ちに投資をストップする。私の見るところ、ミレニアムウエーブのイノベーション・サイクル（新しい製品やサービスが市場に浸透する期間）は、これまでと比べてかなり短くなるだろう。

長期の強気・弱気相場

二番目のサイクルは、景気のサイクルとそれに伴う長期の強気・弱気相場である。これについて私は『ブルズ・アイ・インベスティング』のなかで、ほとんどの投資家は株価を基準にしてそれらの相場サイクルを決定しているが、それよりは株価評価の指標（主にPER＝株価収益率）に基づいて分類すべきであると述べた。これについてマイケル・アレクサンダーはその著『ストック・サイクルズ（Stock Cycles）』のなかで、株価評価指数をベースとした長期の強気相場・弱気相場の期間は８～17年で、今の米株式は弱気相場の真っただ中にあるとしている。過去の長期弱気相場がこの段階で終了したことは一度もなく、行くところまで行ってはじめて終了する。弱気相場のなかで株価が上昇する局面もあるが、多くの投資家が株に振り向きもしなくなったあとに次の長期強気相場が到来するという。

株式市場のレースでは必ずしも速い者や強い者が勝つとは限らず、問題はいかにお金を賭けるかである。例えば、競馬でビリになりそうな馬に大金を賭ける人はいないし、その日の優勝候補を必至になって予想するだろう。歴史が示すところによると、長期の弱気相場は常に高いPER、強気相場は低いPERで始まり、期初のPERが低いほどその後のリターンは大きくなる。すなわち、株式投資のリターンを決定するのは長期相場が始まるときのPERの水準である（平均株価の実質リターンがゼロの期間が20年以上も続くときもある）。**図10.1**は1925～2001年のS&P500の期初PERの水準とその後10年間の実質リターンを比較したもので、PERが最も低い２つの分位のリターンが11％と最も高くなっている。一方、期初PERが最も高いときに株式を購入し、その後10年間もホールドしても実質リターンはほぼゼロに近い。これを見ても分かるように、株式投資の成否を決めるのは株式を購入するときのPERの水準である。高PERと低PERの時期が交互に繰り返されるという株式市場のサイクルは、これからも変化することはないだろう。それは人間の心理を反映しているからである。

一方、株式相場のボラティリティを見ると、この103年間のダウ工業株平均の年間リターンは約30％の期間で＋10％～－10％以内、残りの70％の期間でそれ以上となっている。米調査会社のダルバーによれば、人気株を追いかけるいわゆるモメンタム投資を行っている平均的な投資家と投資信託（ミューチュアルファンド）の成績はどちらも振るわないという。この手法のベースとなっているのは今のトレンドが将来も続くという考えであるが、確率的にはどうしても高値買い・安値売りの結果になってしまう。

図10.1

期初PERとその後10年間のリターン比較（1925～2001年）

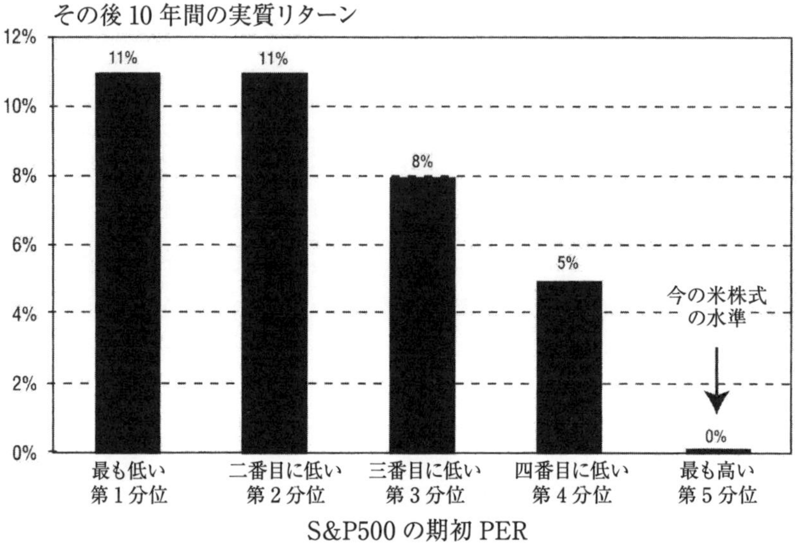

出所＝GMO／S&P

過去103年間（1900～2002年）の米株式の年単純平均リターンは7.2%であるが、年複利リターンになると4.8%にとどまる。その一例を挙げると、前年のリターンが例えば－33%にとどまった場合、この平均複利リターンを維持するには翌年に50%のリターンを上げなければならない（**表10.1**参照）。

私のウエブサイト（http://www.2000wave.com/）にアクセスすると、そこには過去103年間の株式投資のリターンを表す４つの図が掲載されている。そこには任意にどの期間を取ってもそのリターンがカラーで表示されている。年率リターンがマイナスのときは赤、０～３%はピンク、３～７%は青、７%以上は明るい緑と濃い緑で表され、またPERの上昇期は黒、低下期は白の数字が記されている。それを見

表 10.1

単純リターンと複利リターンの比較

年単純リターン

	'00	'01	'02	'03	'04	'05	'06	'07	'08	'09
1900	7%	−9%	0%	−24%	42%	38%	−2%	−38%	47%	15%
1910	−18%	0%	8%	−10%	−31%	82%	−4%	−22%	11%	30%
1920	−33%	13%	22%	−3%	26%	30%	0%	29%	48%	−17%
1930	−34%	−53%	−23%	67%	4%	39%	25%	−33%	28%	−3%
1940	−13%	−15%	8%	14%	12%	27%	−8%	2%	−2%	13%
1950	18%	14%	8%	−4%	44%	21%	2%	−13%	34%	16%
1960	−9%	19%	−11%	17%	15%	11%	−19%	15%	4%	−15%
1970	5%	6%	15%	−17%	−28%	38%	18%	−17%	−3%	4%
1980	15%	−9$	20%	20%	−4%	28%	23%	2%	12%	27%
1990	−4%	20%	4%	14%	2%	33%	26%	23%	16%	25%
2000	−6%	−7%	−17%							

平均上昇率

平均上昇率 = 7.2%

年複利リターン

	1900/1/1	2002/12/31
期初	66.08	
期末		8,341.63
期間（年）		103

平均上昇率

→平均上昇率= 4.8%

ると、緑の期間はPERの上昇を示す黒の数字、赤とピンクの期間はPERの低下を表す白の数字が並んでいる。これらの図からは株式投資の長期のリターントレンドを読み取ることができる。例えば、実質リターンが０～３％にとどまる期間は10～15年間続いているのが分かる。

株式が長期の弱気相場にあるときは損失回避を心掛ける一方、絶対的なリターンを目指す手法が求められる。その反対に長期の強気相場ではインデックスファンドなどに投資すれば、上昇相場に乗った大きな相対リターンが得られる。すなわち、PERの低いときに株式投資を始めれば、その後のPERの上昇に伴って保有株も自動的に値上がりしていく。もしもあなたが30歳以下であれば、（長期相場の期間が約13年間とすれば）75歳になるまでに少なくとも２つの長期強気相場を経験することになるだろう。

人間の心理

株式相場は人間の心理を反映したもので、これは将来も変わることはないだろう。2002年のノーベル経済学賞を受賞したダニエル・カーネマンとバーノン・スミスは心理学者でもある。彼らの研究によれば人間とは非合理的であり、予測においても非合理的である。われわれ人間は同じ間違いを何度も繰り返し、アルフレッド・アインシュタイン（ドイツの音楽学者）の言葉を借りれば、「人間の狂気は違う結果を期待して、同じことを何度も繰り返す」。熱狂相場や株式バブルを生むのもこうした人間の予測の非合理性であり、長期の強気相場や弱気相場を形成するのもこうした人間の心理である。さらにイノベーション・サイクルの根底にも「今回は違う」という人間の非合理的な考えが存在する。こうした非合理的な人間の心理が続くかぎり、将来も株式バブルは繰り返されるだろう。しかし、そのなかにのまれない者にとって、それは大きな利益を上げるチャンスである。くれぐれも今回は違うとは考えないように。そうでなければ、また同じ間違いを繰り返すことになるからだ。

ミレニアムウエーブの一例

ミレニアムウエーブとはさまざまなイノベーションの波に広範な社会的変化を伴った大きなうねりが、人類史上かつて経験したこともないスピードで同時に進展することである。それらの波はわれわれにマイナスの影響を与えるものもあるが、その多くは便利さや快適さなどのメリットをもたらすだろう。既述したように、まもなく情報時代の反動期を迎えるかもしれないが、その後に到来する成熟期は20年にも及ぶだろう。1980～2005年の長期のイノベーション・サイクルは全世界でテクノロジーを発展させ、多くの雇用と富を創出した。一方、現在のバイオテック革命はまだ初期の段階にすぎないが、数年後には成長期に入るだろう。そうなれば、新しい薬や健康法の出現でわれわれの寿命が延びるのをはじめ、高価な食品も安くなり、新しいエネルギーの開発も進むだろう。バイオテック革命が人間の生活に及ぼす影響は情報時代の影響よりも大きく、われわれの寿命は100歳まで延びるかもしれない。

バイオテック革命のあとに到来するのが、クァンタム（量子）革命とナノテクノロジー（超微細加工技術）である。今ではまだSFの世界であるそれらの技術も、20～30年後には現実のものとなるだろう。私は45年来のSFファンであるが、この10年間のテーマはそれ以前と大きく異なっている。ナノテクノロジーを扱ったSFが急増しているのである。その一例として、道路、橋梁や食料などあらゆる用途の原材料となる「プログラマブル・ダスト（programmable dust）」があるが、インテルはカーネギーメロン大学の教授陣にその開発資金を提供しているという。今のところこのダストは卵ほどの大きさであるが、

10～20年後にはかなり小さくなると予想される。

バイオテック革命がもたらす大きな可能性のひとつが新しいエネルギー源である。安い新しいエネルギーが開発されれば、今のわれわれの生活は一変するだろう。イギリスで蒸気機関車が発明されたのは、減少の一途をたどる木材に取って代わる新しいエネルギーを開発する必要性に迫られたからである。一方、フランスでは100億ドルをかけた大規模な核融合電力工場の建設が進められており、これが完成すれば安価でクリーン、かつ環境にやさしい電気が豊富に提供できるという。われわれは今、情報、バイオテック、クァンタム、エネルギーなど、技術革新に社会変革を伴った大きなイノベーションの波が同時に押し寄せるという人類史上経験したこともないような時代を迎えている。しかし、こうしたミレニアムウエーブのなかにはこれまでの社会のあり方を大きく揺るがす深刻な変化も含まれる。そのひとつが経済のグローバル化とその地政学的影響によってもたらされた人口動態の大きな変化である。

人口動態の大きな変化

世界の人口動態を見ると、特にヨーロッパ、日本やアメリカで高齢化が進む一方、出生率が大きく鈍化している。こうした傾向は経済のグローバル化のスピードとその変化に大きな影響を及ぼしている。世界人口に占めるこれら先進地域の人口比率は1950年の約33％から現在では18％に低下している。さらに今から45年後には12％に低下し、逆に発展途上国の人口比率は87％に達すると予想される。一方、イスラム主要10カ国の人口は2050年までに先進諸国の人口と並ぶが、現在1.45億人のロシアの人口は2050年までに１億人に減少すると見られる。イランとイラクの人口は8700万人でロシアの人口の約60％にとどまっているが、同年までにロシアよりも1000万人ほど人口が多くなるという（45年後にはイランだけでもロシアも人口を上回ると予想される）。今から45年後には小国のイエメンもドイツの人口を追い抜くだろう。

人類史上かつて経験したこともない人口の大移動が始まっている。例えば、過去20年間に中国では２億人以上の人々が内陸部から沿岸150kmの地域に移動したと言われるが、これはアメリカ中部のすべての人が沿岸地域に移動したほどに匹敵する。その原因は高齢化による労働人口の不足を補うことにある。先進諸国でも人口の高齢化が急速に進んでおり、アメリカでは2040年までに60歳以上の人口が現在の16％から26％に上昇するのをはじめ、日本も23％→44％、イタリアでも24％→46％に急増する。多くの欧州諸国では退職者１人の年金を賄う若年労働者の不足が深刻化しており、これも労働人口の移動に拍車をかけている。戦略国際研究センター（CSIS）によれば、ほぼ100年前には世界人口に占める65歳以上の人々の比率は２～３％にすぎなかった。

こうした人口動態の大きな変化は労働生産性、医療、経済などに大きな影響を及ぼしている。例えば、各国が国民に約束している今の年金・医療を含む社会保障を維持するためには、フランスでGDP（国内総生産）の64％、ドイツで60％まで税率を引き上げる必要がある。（アメリカを含む）これら先進諸国ではこうした大幅な増税、または社会保障サービスの削減（もしくはその両方）は避けられないという。欧州諸国や日本で実施している農業向け補助金も、将来は大幅な削減か廃止が避けられない状況である。農家よりも医療・年金サービスの充実を要求する高齢者が多くなることもその一因である。一方、メディケア（老人・身障者向け医療保険）を含むアメリカの健康管理コストは2003年にはGDPの14％、これが2010年には17％に上昇するが、これは人口の多くを占めるベビーブーマー世代の高齢化を反映している。そのコストを補うには40兆ドルもの税負担が必要であり、そうなれば軍事、農業補助、教育、社会福祉の経費削減は不可避である。

一方、ベン・ワッテンバーグ著『フューアー（Fewer）』によれば、（国連推計による）女性１人当たりの出生率は2002年までは約2.1人だったが、現在では1.85人に低下したという。（出生率÷出産可能な年齢の女性数で表される）総出生率（TFR）は日本や欧州諸国を含む多くの先進地域では1.6人と、すでに人口補充出生率（総人口を維持するのに必要な出生率）を下回っている（アメリカのTFRは2.0と先進諸国のなかでは比較的高い）。欧州地域のTFRはわずか1.38人であり、その人口は現在の7.28億人から2050年までに6.32億人に減少すると予想される。

こうした傾向は何も先進諸国だけにとどまらず、低い出生率は世界各地に急速に広まっている。例えば、中国では一人っ子政策の影響ですでにTFRは約1.8人に低下したのをはじめ、イランのTFRは1960年の7.0人から現在では2.1人に急減した。エジプトのTFRもこの40年間で半減して今では約3.0人となり、TFRは毎年低下の一途をたどっている。ブラジルでもTFRはすでに2.1人の人口補充出生率を下回っており、インドでも特に新中流階級の出生低下を反映してこの数十年間にTFRは6.0人から3.0人に急低下した。このほか韓国でもTFRは1950年代後半の6.3人から2003年には1.17人に急減したのをはじめ、ロシアとブルガリアは1.1人、日本1.3人、ドイツ1.35人とTFRが2.1人を下回っている国は世界全体で63カ国に達する。こうした出生率低下に拍車をかけているのが子供を産まない女性の急増であり、その比率はドイツの26％をはじめ、フィンランドとイギリスが21％、イタリアとオランダが19％、カナダ14％となっている。アメリカでもその比率は1970年代初めの11％から16％に上昇している。

一方、労働者の退職年齢を見るとアメリカでは現在の65歳から2022年にはすべて67歳に引き上げられる。欧州諸国では（男性労働者の）平均退職年齢はベルギーで58.1歳、フランス58.8歳、ドイツ61.0歳、イタリアとオランダ60歳弱、イギリス62.9歳、スイス64.5歳となっている。

これらの地域では人口の減少傾向が続き、大幅な増税も実施できなければ、今の社会保障サービスを維持するには移民に頼らざるを得ない。「人口補充のための移民」と題する国連報告書によれば、欧州諸国全体に流入する移民は毎年37.6万人の純増となっており、現在の総人口を維持するには年間で191.7万人、15～64歳の労働人口を維持するためには同322.7万人の移民を受け入れる必要があるという。さらに国連の推計によれば、バランスのとれた依存率（年金受給者と負担者の比率）を維持するには１年間に2713.9万人の移民を受け入れなければならない。

グローバル化の波

グローバル化とは世界的規模の経済統合と各国の相互依存を意味する。経済のグローバル化は貿易と金融の自由化という形で進展し、具体的にはアメリカの製造業の中国への移転、インドへのサービス業のアウトソーシング（外部委託）などである。その一方で、外国からアメリカへのアウトソーシングも増加の一途をたどっている。グローバル化にはさまざまな面があるが、すべてのものが急速に変化していることだけは確かである。トーマス・フリードマンはその著『フラット化する世界』（日本経済新聞社）のなかで、新しいテクノロジーによって生まれた新しい生産プロセスは全世界でビジネスを可能にし、今やビジネスの舞台は急速に横に広がっていると述べている。同書によれば、こうした新しいビジネスの舞台が横へ横へと広がるにつれ、これまで労働市場から締め出されていた（中国、インド、ロシア、東欧、南米、中央アジアなどの閉鎖経済社会の）30億人の人々は次第に自由経済社会に参加していった。それらの政治・経済システムは1990年代にすべて解放され、そして世界のフラット化のおかげで、これらの人々は雇用を求めて外国に行かなくても向こうから仕事がやってきた。こうした新しいプレーヤー、新しいビジネス舞台、新しい生産プロセスによる経済のグローバル化により、世界の多くの人々が共同生産のツール、膨大な情報を検索できるインターネットやサーチエンジンなどにアクセスできるようになった。その結果、世界がこれまで経験しなかったようなさまざまな発見やイノベーションが可能となったという。

こうした経済のグローバル化の波は、一部の国で保護主義的な動きがあったとしてももはやだれもとめることはできない。経済のグローバル化は特に中国やインドなどのアジア諸国に大きな経済力を付与しており、これらの地域は今世紀半ばには世界の主要な経済拠点になるだろう。その背景には西欧諸国での政治経済と人口動態の大きな変化があり、それらの国ではベビーブーマー世代にGDPの何％に上る社会保障を約束している。また農業支援も保証しているが、それに必要な財源は完全に不足しているため、そのつけは次世代が払うことになるだろう。これに対し、中国やインドなどのアジア諸国では高齢者人口の比率が小さいために、先進諸国に比べて社会保障の負担も軽く、多くの予算をR&D（研究開発）や経済発展に振り向けることができる。これら地域のR&D予算が西欧諸国並みに達するにはまだ相当な時間を要するだろうが、そのR&Dがわれわれと肩を並べる水準に達したとき、先進諸国の技術的な優位性は大きく揺らぐだろう。

新しい世界秩序

1997年に出版された『ザ・サブリン・インディビジュアル』のなかで、ジェームズ・デール・ダビッドソンとウィリアム・リースモッグは次のように述べている。

「将来は20世紀の産業社会の市民的な神話を吸収してきた人々の期待を大きく打ち砕くだろう。それは最も才能ある人々を意欲づけてきた民主主義社会の幻想である。そこでは政府が善良な市民に期待する方向で社会が進化してきた。しかし、今となってはこうしたことはさびついた旧式産業と同じアナクロニズムにすぎない。市民的な神話とは社会的問題にはその解決策が内在し、また資源と個人は将来的にも政治的な圧力に屈するという間違った考え方を反映している。政治的な多数決原理に代わるマーケットの原理が社会に対して、世論が理解も歓迎もしないような方法で自らを変革するよう求めるだろう」

ダビッドソンとリースモッグの言うように、新しいテクノロジー、人口動態や経済のグローバル化が政府に自らの変革を求める。政府とは問題であって、解答ではない。もしも政府が解答であれば、われわれは間違った質問をしていることになる。企業の観点から見ると、弱い政府は少ないコストを意味するので良いことである。企業や投資家の税金が安くなれば、生活も豊かになるだろうし、投資家の手取りも増えるだろう。すべての人々のチャンスも増大する。グリーンスパンFRB（連邦準備制度理事会）議長もこのほど北京で開かれた国際通貨会議の席上、「経済と金融の世界はわれわれが理解できないような形で変化している。したがって、政策立案者は予想外の事態を事前に予測できるとする従来の考え方を捨てなければならない」と述べている。

それならば、このミレニアムウエーブとそれがもたらす大きな変化にわれわれはどのように対処すべきなのか。まず最初に、そうした変化はチャンスであると考えるべきだ。それは雇用、投資、そして生活にさまざまなチャンスをもたらす。一部の経済学者はこうした新しい雇用の秩序をまだよく理解していないようだが、だれもそれから逃れることはできない。これについてニューヨーク連邦銀行のエリカ・グロシェンとサイモン・ポッター理事は2003年８月に、「2001年の景気後退期には2つの構造的変化が顕著になった。そのひとつはレイオフ（一時解雇）よりも恒常的な失業が増えたこと、もうひとつはある産業から別の産業への雇用シフトが進展したことである」と報告している。

現在では労働者の再雇用というよりは、まったく新しい企業や産業で多くの雇用が生まれている。つまり、今の社会では従来の「(労働者の）レイオフ→再雇用」に代わって、「解雇→再訓練→別の産業へのシフト→新しい雇用」という労働のあり方が定着しつつある。両理事の報告によれば、「多くの失業者はそれまでとは違う企業や産業で、まったく新しい仕事を見つけなければならない。しかもそうした求職活動は不透明な経済情勢の下では、いっそう複雑で難しくなっている」。大きな変化はわれわれにフレキシビリティを要求していることをよく認識すべきだ。ミレニアムウエーブはわれわれに常に学習と再学習を求め、大学もようやくそうしたニーズに気づいたようだ。自らを変えることのできない者は仕事を持てず、逆に変化する社会に適用できる者にとって今の社会は大きなチャンスである。その意味ではミレニアムウエーブとはチャンスであると言えるだろう。

投資家にとってのミレニアムウエーブ

2001年に発行された米科学アカデミーのジャーナル・オブ・フィナンシャル・インターメディエーション誌のなかで、アーバート・ワンは「今の社会では慎重な楽観主義がベストのアプローチである」と主張している。彼はゲームの理論を使って証券市場のダイナミクスを検証し、富の蓄積が進化的なプロセスをたどっていると説明している。それによれば、自信のない投資家や弱気の投資家がマーケットで生き残ることはできず、その反対に自信過剰の投資家や強気の投資家も遅かれ早かれマーケットからの退出を迫られるという。マーケットで長期にわたって生き残るのは、ほどほどの自信にあふれた投資家だけである。

一方、ミレニアムウエーブはまったく新しい企業や生産プロセスが創出されるため、われわれに大きな投資チャンスを提供する。この新しい世紀には従来の大企業もスクラップになるほど、ジョゼフ・シュンペーターの言う「創造的破壊」がいっそう進展していく。こうした大きな変化の波に乗るには従来のパッシブなインデックス投資といったものではなく、機敏さと素早い決定能力に基づく投資行動である。こうした現実をよく見極めて、変化を喜んで受け入れるべきだ。今も昔も変わらないただひとつの真理は、現実は常に変化していくということだけである。

■編者紹介

ジョン・モールディン（John Mauldin）

投資問題の屈指のエキスパートであり、またミレニアムウエーブ・インベストメンツの社長であるモールディンは、個人投資家のマネーマネジメント、金融サービスおよび投資を専門に活動している。ベストセラーとなった『ブルズ・アイ・インベスティング（Bull's Eye Investing）』の著者であり、150万人以上の読者を持つ週刊eレター「ソーツ・フロム・ザ・フロントライン」の編集長でもある。フィナンシャル・タイムズ紙や金融ニュースレターのデイリーレコニングなどにも頻繁に執筆し、さらに特定の投資家向けにヘッジファンドなどに関する情報レターも提供している。証券問題の人気スピーカーとして、さまざまな投資セミナーや会合でも講演している。

■訳者紹介

関本博英（せきもと・ひろひで）

上智大学外国語学部英語学科を卒業。時事通信社・外国経済部を経て翻訳業に入る。国際労働機関（ILO）など国連関連の翻訳をはじめ、労働、経済、証券など多分野の翻訳に従事。訳書に、『賢明なる投資家【財務諸表編】』『証券分析』『究極のトレーディングガイド』『コーポレート・リストラクチャリングによる企業価値の創出』『プロの銘柄選択法を盗め！』『アナリストデータの裏を読め！』『マーケットのテクニカル百科　入門編・実践編』『市場間分析入門』『初心者がすぐに勝ち組になるテクナメンタル投資法』『バイ・アンド・ホールド時代の終焉』（いずれもパンローリング）など。

2006年８月３日　　初版第１刷発行

ウィザードブックシリーズ ⑯

わが子《こ》と考《かんが》えるオンリーワン投《とう》資《し》法《ほう》

編　者　　ジョン・モールディン
訳　者　　関本博英
発行者　　後藤康徳
発行所　　パンローリング株式会社
〒160-0023　東京都新宿区西新宿 7-9-18-6F
TEL 03-5386-7391　FAX 03-5386-7393
http://www.panrolling.com/
E-mail　info@panrolling.com
編　集　　エフ・ジー・アイ（Factory of Gnomic Three Monkey Investmant）合資会社
装　丁　　パンローリング株式会社　装丁室
組　版　　a-pica
印刷・製本　株式会社シナノ

ISBN4-7759-7072-0

＜2＞ 短期売買やデイトレードで自立を目指すホームトレーダー必携書

魔術師リンダ・ラリーの短期売買入門

リンダ・ラシュキ著

国内初の実践的な短期売買の入門書。具体的な例と豊富なチャートパターンで分かりやすく解説。

定価29,400円（税込）

ラリー・ウィリアムズの短期売買法

ラリー・ウィリアムズ著

1年で1万ドルを110万ドルにしたトレードチャンピオンシップの優勝者、ラリー・ウィリアムズが語る！

定価10,290円（税込）

バーンスタインのデイトレード入門

ジェイク・バーンスタイン著

あなたも「完全無欠のデイトレーダー」になれる！
デイトレーディングの奥義と優位性がここにある！

定価8,190円（税込）

バーンスタインのデイトレード実践

ジェイク・バーンスタイン著

デイトレードのプロになるための「勝つテクニック」や「日本で未紹介の戦略」が満載！

定価8,190円（税込）

ゲイリー・スミスの短期売買入門

ゲイリー・スミス著

20年間、ずっと数十万円（数千ドル）以上には増やせなかった“並み以下の男”が突然、儲かるようになったその秘訣とは！

定価2,940円（税込）

ターナーの短期売買入門

トニ・ターナー著

全米有数の女性トレーダーが奥義を伝授！
自分に合ったトレーディング・スタイルでがっちり儲けよう！

定価2,940円（税込）

スイングトレード入門

アラン・ファーレイ著

あなたも「完全無欠のスイングトレーダー」になれる！
大衆を出し抜け！

定価8,190円（税込）

オズの実践トレード日誌

トニー・オズ著

習うより、神様をマネろ！
ダイレクト･アクセス･トレーディングの神様が魅せる神がかり的な手法！

定価6,090円（税込）

ヒットエンドラン株式売買法

ジェフ・クーパー著

ネット・トレーダー必携の永遠の教科書！　カンや思惑に頼らないアメリカ最新トレード・テクニックが満載!!

定価18,690円（税込）

くそったれマーケットをやっつけろ！

マイケル・パーネス著

大損から一念発起！　15カ月で3万3000ドルを700万ドルにした驚異のホームトレーダー！

定価2,520円（税込）

＜3＞ 順張りか逆張りか、中長期売買法の極意を完全マスターする！

タートルズの秘密
ラッセル・サンズ著

中・長期売買に興味がある人や、アメリカで莫大な資産を築いた本物の投資手法・戦略を学びたい方必携！

定価20,790円（税込）

カウンターゲーム
アンソニー・M・ガレア＆ウィリアム・パタロンⅢ世著
序文：ジム・ロジャーズ

ジム・ロジャーズも絶賛の「逆張り株式投資法」の決定版！
個人でできるグレアム、バフェット流バリュー投資術！

定価2,940円（税込）

オニールの成長株発掘法
ウィリアム・J・オニール著

あの「マーケットの魔術師」が平易な文章で書き下ろした　全米で100万部突破の大ベストセラー！

定価2,940円（税込）

オニールの相場師養成講座
ウィリアム・J・オニール著

今日の株式市場でお金を儲けて、
そしてお金を守るためのきわめて常識的な戦略。

定価2,940円（税込）

オニールの空売り練習帖
ウィリアム・J・オニール著

売る方法を知らずして、買うべからず。売りの極意を教えます！
「マーケットの魔術師」オニールが空売りの奥義を明かした！

定価2,940円（税込）

ウォール街で勝つ法則
ジェームズ・P・オショーネシー著

ニューヨーク・タイムズやビジネス・ウィークのベストセラーリストに載った完全改訂版投資ガイドブック。

定価6,090円（税込）

トレンドフォロー入門
マイケル・コベル著

初のトレンドフォロー決定版！
トレンドフォロー・トレーディングに関する初めての本。

定価6,090円（税込）

バイ・アンド・ホールド時代の終焉
エド・イースタリング著

買えば儲かる時代は終わった！　高PER、低配当、低インフレ時代の現在は、バイ・アンド・ホールド投資は不向きである。

定価2,940円（税込）

株式インサイダー投資法
チャールズ・ビダーマン＆デビッド・サンチ著

利益もPERも見てはいけない！
インサイダーの側についていけ！

定価2,940円（税込）

ラリー・ウィリアムズの「インサイダー情報」で儲ける方法
ラリー・ウィリアムズ著

“常勝大手投資家”コマーシャルズについていけ！

定価6,090円（税込）

＜4＞ テクニカル分析の真髄を見極め、奥義を知って、プロになる！

投資苑 ／ 投資苑2
アレキサンダー・エルダー著

ベストセラー『投資苑』とその続編 エルダー博士はどこで仕掛け、どこで手仕舞いしているのかが今、明らかになる！

定価各6,090円（税込）

投資苑がわかる203問
投資苑2 Q&A
アレキサンダー・エルダー著

定価各2,940円（税込）

シュワッガーのテクニカル分析
ジャック・D・シュワッガー著

シュワッガーが、これから投資を始める人や投資手法を立て直したい人のために書き下ろした実践チャート入門。

定価3,045円（税込）

マーケットのテクニカル秘録
チャールズ・ルボー&デビッド・ルーカス著

プロのトレーダーが世界中のさまざまな市場で使用している洗練されたテクニカル指標の応用法が理解できる。

定価6,090円（税込）

ワイルダーのテクニカル分析入門
J・ウエルズ・ワイルダー・ジュニア著

オシレーターの売買シグナルによるトレード実践法
ＲＳＩ、ＡＤＸ開発者自身による伝説の書！

定価10,290円（税込）

マーケットのテクニカル百科 入門編
ロバート・D・エドワーズ著

アメリカで50年支持され続けている
テクニカル分析の最高峰が大幅刷新！

定価6,090円（税込）

マーケットのテクニカル百科 実践編
ロバート・D・エドワーズ著

チャート分析家必携の名著が読みやすくなって完全復刊！
数量分析（クオンツ）のバイブル！

定価6,090円（税込）

魔術師たちのトレーディングモデル
リック・ベンシニョール著

「トレードの達人である12人の著者たち」が、トレードで成功するためのテクニックと戦略を明らかに。

定価6,090円（税込）

ウエンスタインのテクニカル分析入門
スタン・ウエンスタイン著

ホームトレーダーとして一貫してどんなマーケットのときにも利益を上げるためにはベア相場で儲けることが不可欠だ!

定価2,940円（税込）

デマークのチャート分析テクニック
トーマス・R・デマーク著

いつ仕掛け、いつ手仕舞うのか。
トレンドの転換点が分かれば、勝機が見える!

定価6,090円（税込）

＜6＞裁量を一切排除するトレーディングシステムの作り方・考え方！

究極のトレーディングガイド
ジョン・R・ヒル＆ジョージ・プルート著

トレーダーにとって本当に役に立つコンピューター・トレーディングシステムの開発ノウハウをあますところなく公開！

定価5,040円（税込）

マーケットの魔術師　システムトレーダー編
アート・コリンズ著

14人の傑出したトレーダーたちが明かすメカニカルトレーディングのすべて。待望のシリーズ第4弾！

定価2,940円（税込）

魔術師たちの心理学
バン・K・タープ著

「秘密を公開しすぎる」との声があがった
偉大なトレーダーになるための“ルール”、ここにあり！

定価2,940円（税込）

トレーディングシステム徹底比較
ラーズ・ケストナー著

本書の付録は、日本の全銘柄（商品・株価指数・債先）の検証結果も掲載され、プロアマ垂涎のデータが満載されている。

定価20,790円（税込）

売買システム入門
トゥーシャー・シャンデ著

相場金融工学の考え方→作り方→評価法。
日本初！　これが「勝つトレーディング・システム」の全解説だ！

定価8,190円（税込）

トレーディングシステム入門
トーマス・ストリズマン著

どんな時間枠でトレードするトレーダーにも、ついに収益をもたらす“勝つ”方法論に目覚める時がやってくる！

定価6,090円（税込）

トレーディングシステムの開発と検証と最適化
ロバート・パルド著

過去を検証しないで、あなたはトレードをできますか？
トレーディングシステムを開発しようと思っている人、必読の書！

定価6,090円（税込）

投資家のためのリスクマネジメント
ケニス・L・グラント著

あなたは、リスクをとりすぎていませんか？　それとも、とらないために苦戦していませんか？　リスクの取り方を教えます！

定価6,090円（税込）

投資家のためのマネーマネジメント
ラルフ・ビンス著

投資とギャンブルの絶妙な融合！
資金管理のバイブル！

定価6,090円（税込）

EXCELとVBAで学ぶ先端ファイナンスの世界
メアリー・ジャクソン＆マイク・ストーントン著

もうEXCELなしで相場は張れない！
EXCELでラクラク売買検証！

定価6,090円（税込）

＜7＞「相場は心理」…大衆と己の心理を知らずして、相場は張れない！

投資苑（とうしえん）

アレキサンダー・エルダー著

アメリカのほか世界8カ国で翻訳され、各国で超ロングセラー。精神分析医がプロのトレーダーになって書いた心理学的アプローチ相場本の決定版！

定価6,090円（税込）

投資苑 2　トレーディングルームにようこそ

アレキサンダー・エルダー著

世界的ベストセラー『投資苑』の続編、ついに刊行！
エルダー博士はどこで仕掛け、どこで手仕舞いしているのか今、明らかになる！

定価6,090円（税込）

投資苑がわかる203問

アレキサンダー・エルダー著

初心者からできるトレード3大要素（心理・戦略・資金管理）完全征服問題集！　楽しく問題を解きながら、高度なトレーディングの基礎が身につく！

定価2,940円（税込）

投資苑2　Q＆A

アレキサンダー・エルダー著

こんなに『投資苑2』が分かっていいのだろうか！
「実際にトレードするのはQ&Aを読んでからにしてください」（by エルダー博士）

定価2,940円（税込）

ゾーン～相場心理学入門

マーク・ダグラス著

マーケットで優位性を得るために欠かせない、新しい次元の心理状態を習得できる。「ゾーン」の力を最大限に活用しよう。

定価2,940円（税込）

マンガ 投資の心理学

青木俊郎著

頭では分かっているけれど、つい負け癖を繰り返してしまう人へ、投資家心理を理解して成功するための心構えを解説。

定価1,260円（税込）

魔術師たちの心理学

バン・K・タープ著

「秘密を公開しすぎる」との声があがった偉大なトレーダーになるための“ルール”、ここにあり！

定価2,940円（税込）

株式投資は心理戦争

デビッド・N・ドレマン著

「市場から見放されている銘柄のほうが人気銘柄よりも儲けられる！」――最近実施されたコンピューター調査ではこんな分析結果が出ている！

定価2,940円（税込）

よくわかる！シリーズ

4200％のリターンを上げた伝説の男のこれから 10 年の投資戦略

冒険投資家ジム・ロジャーズが語る 投資の戦略

著者 ジム・ロジャーズ　DVD 96 分収録　定価 2,940 円 (税込)
林康史

ベストセラー『大投資家ジム・ロジャーズが語る～商品の時代』（日本経済新聞社）の ジム・ロジャーズが遂に来日。そのとき日本人だけのために解説した投資の戦略を本邦初の書籍化（DVD 付）!!　本書を読んで、DVD を見れば、『商品の時代』がさらに面白くなるはず！

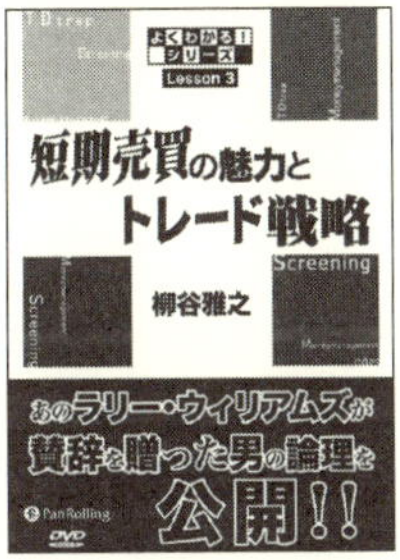

ブルベア大賞 2004 特別賞受賞

短期売買の魅力とトレード戦略

著者 柳谷雅之　DVD 51 分収録　定価 3,990 円 (税込)

2004 年 1 月 31 日に開催されたセミナーを収録した DVD。前作の「短期売買の魅力とトレード戦略」に、以下の点が追加されています。
・日本株を対象にしたお馴染 OOPS の改良
・優位性を得るためのスクリーニング条件

バリュー投資（割安株）とは、企業の財務諸表から理論株価と現在の株価を比べ、割安に放置されている銘柄へ投資する方法です。

サカキ式 超バリュー投資入門

著者 榊原正幸　DVD 132 分収録　定価 3,990 円 (税込)

今世紀最大の投資家ウォーレン・バフェットの師である「バリュー投資」の考案者ベンジャミン・グレアムの考え方で特徴的なのが「未来は分からない」です。事業の将来性、マーケット規模、競争相手との戦力の比較、営業力などの分かりにくい事項は避けて、財務諸表に表れている数字のみで株価分析をおこないます。明確に分かる材料から資産的に割安な銘柄を選択することで、現在の株価よりも、それ以上は下がりそうもない株を買って安心して所有していようという考え方です。

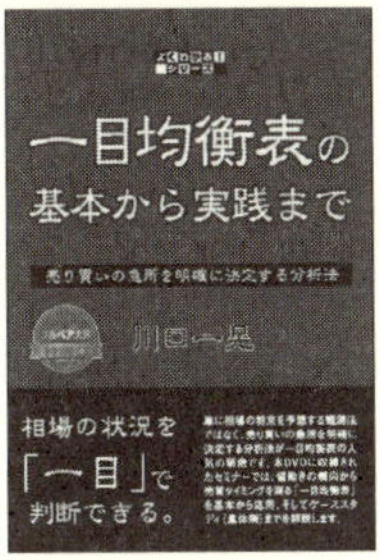

ブルベア大賞 2003 特別賞受賞製品

一目均衡表の基本から実践まで

著者 川口一晃　DVD 108 分収録　定価 3,990 円 (税込)

単に相場の将来を予想する観測法だけではなく、売り買いの急所を明確に決定する分析法が一目均衡表の人気の秘密。本 DVD に収録されたセミナーでは、「一目均衡表」の基本から応用、そして事例研究まで具体的に解説します。

詳しくは…
http://www.tradersshop.com/

よくわかる！シリーズ

過去の業績から成長株を探す
資産を２年で40倍にしたウィリアム・オニールの手法を大公開!!

大化けする成長株を発掘する方法

著者 鈴木一之　　DVD 83分収録　定価 3,990円（税込）

大化けする成長株を発掘することは、さほど困難ではない。その投資法とは、利益・増益の確認、株価の位置やトレンド、時価総額など誰もが学習すれば確認できるものばかりだからだ。さらに日本でも上場企業の四半期決算の義務付けにより、成長株の発掘の精度が高められるようになったのは朗報であろう。また本編は前回感謝祭の第二作目としてとして、手仕舞いのタイミングについても詳述する。手仕舞いのタイミングは空売りの定義としても使えるだろう。

世界中のトップトレーダーたちが愛用する、日本古来の分析手法

ローソク足と酒田五法

著者 清水洋介　　DVD 75分収録　定価 2,940円（税込）

白や黒の縦長の長方形、そこから上下に伸びる線。株価分析において基本となる「ローソク足」は、江戸時代から今日まで脈々と受け継がれています。「ローソク足」を読み解けば投資家心理が判り、投資家心理が判れば相場の方向性が見えてくるものなのです。その「ローソク足チャート」分析の真髄が「酒田五法」。経験則から生み出された、投資家心理を読み解くためのより実践的な分析手法を、分かりやすく解説します。

４つの組み合わせで株がよくわかる

テクニカル分析 MM法

著者 増田正美　　DVD 67分収録　定価 3,990円（税込）

MM 法は売買銘柄の検索や売買参入点を慎重に判断する。それゆえ出現頻度は高くない。しかし、だからこそ個人投資家向けの手法なのだとご理解いただきたい。個人投資家が投資するのは自分のポケットマネー。したがって真剣勝負である。真剣勝負に他人と同じ武器で勝てるだろうか？ 優れた武器が必要ではないだろうか？ しかし、たとえ優れていても、その使い方を知らずに、また修練せずに真剣勝負に勝てるだろうか？ 武器は常に磨くべきであり、準備しすぎということはない。

発売予定

資産運用としてのオプション取引入門（06年8月）
著者：増田丞美

テクニカルチャート分析の徹底攻略！トレンドを知る（06年8月）
著者：川口一晃

その他DVDブック続々刊行!!

詳しくは…
http://www.tradersshop.com/

●海外ウィザードが講演したセミナー・ビデオ＆DVD（日本語字幕付き）●

『オズの短期売買入門』（67分） トニー・オズ 8,190円（税込）

トレードの成功は、どこで仕掛け、どこで仕切るかがすべて。短期トレードの魔術師オズが、自らの売買を例に仕掛けと仕切りの解説。その他、どこで買い増し、売り増すのか、短期トレーダーを悩ますすべての問題に答える洞察の深いトレードアドバイスが満載。

『ターナーの短期売買入門』（80分） トニ・ターナー 9,240円（税込）

株式投資の常識（＝買い先行）を覆し、下落相場でも稼ぐことができる「空売り」と、トレーディングで最大の決断である仕切りタイミングの奥義を具体的な事例を示しながら解説。市場とトレーダーの心理を理解するトニ・ターナーのテクニックがここにある。

『魔術師たちの心理学セミナー』（67分） バン・K・タープ 8,190円（税込）

優秀なトレーダーとして最も大切な要素は責任能力。この責任感を認識してこそ、上のステージに進むことができる。貪欲・恐怖・高揚など、トレーディングというプロセスで発生するすべての感情を100%コントロールする具体的な方法についてタープ教授が解き明かす。

『魔術師たちのコーチングセミナー』（88分） アリ・キエフ 8,190円（税込）

優秀なトレーダーとは、困惑、ストレス、不安、不確実性、間違いなど、普通は避けて通りたい感情を直視できる人たちである。問題を直視する姿勢をアリ・キエフが伝授し、それによって相場に集中することを可能にし、素直に相場を「聞き取る」ことができるようになる。

『マーケットの魔術師 マーク・クック』（96分） マーク・クック 6,090円（税込）

マーケットの魔術師で、一流のオプションデイトレーダーであるクックが、勝つためのトレーディング・プラン、相場の選び方、リスクのとり方、収益目標の立て方、自分をコントロールする方法など、13のステップであなたのためのトレードプランを完成してくれる。

『シュワッガーが語るマーケットの魔術師』（63分） ジャック・D・シュワッガー 5,040円（税込）

トップトレーダーたちはなぜ短期間で何百万ドルも稼ぐことができるのか。彼らはどんな信念を持ち、どんなスタイルでトレードを行っているのか。ベストセラー『マーケットの魔術師』３部作の著者ジャック・シュワッガーが、彼らの成功の秘訣と驚くべきストーリーを公開。

『ジョン・マーフィーの儲かるチャート分析』（121分） ジョン・J・マーフィー 8,190円（税込）

トレンドライン、ギャップ、移動平均……を使いこなせていますか？　テクニカル分析の大家がトレンドのつかみ方、相場の反転の見分け方などを主体に、簡単で使いやすいテクニカル分析の手法を解説。テクニカルの組み合わせで相場の読みをより確実なものにする！

『ジョン・ヒルのトレーディングシステム検証のススメ』（95分） ジョン・ヒル 8,190円（税込）

トレーダーはコンピューターに何を求め、どんなシステムを選択すべきなの？　『究極のトレーディングガイド』の著者ジョン・ヒルが、確実な利益が期待できるトレーディングシステムの活用・構築方法について語る。さらにトレンドやパターンの分析についても解説。

『クーパーの短期売買入門～ヒットエンドラン短期売買法～』（90分） ジェフ・クーパー 8,190円（税込）

短期売買の名著『ヒットエンドラン株式売買法』の著者ジェフ・クーパーが自らが発見した爆発的な価格動向を導く仕掛けを次から次へと紹介。「価格」という相場の主を真摯に見つめた実践者のためのセミナー。成功に裏打ちされたオリジナルパターンが満載！

『エリオット波動～勝つための仕掛けと手仕舞い～』（119分） ロバート・プレクター 8,190円（税込）

「５波で上昇、３波で下落」「フィボナッチ係数」から成り立つエリオット波動の伝道師プレクターによる「エリオット波動による投資術（絶対勝てる市場参入・退出のタイミング戦略）」。波動理論を使った市場の変化の時とそれを支えるテクニカル指標の見方を公開。

●海外ウィザードが講演したセミナー・ビデオ＆DVD（日本語字幕付き）●

『ガースタインの銘柄スクリーニング法』（84分）　マーク・ガースタイン　8,190円（税込）

株式投資を始めたときに、だれもが遭遇する疑問に対して、検討に値する銘柄の選別法から、実際の売買タイミングまで、４つのステップに従って銘柄選択および売買の極意を伝える。高度な数学の知識も、専門的な経営判断も必要ない。銘柄選択の極意をマスターしてほしい。

『マクミランのオプション売買入門』（96分）　ラリー・マクミラン　8,190円（税込）

オプション取引の「教授」マクミラン氏のセミナーを初めての日本語版化。オプション取引の心得から、オプションを「センチメント指標」として使う方法、ボラティリティ取引、プット・コール・レシオを売買に適用するなど具体的なノウハウの数々が満載。

『ネルソン・フリーバーグのシステム売買 検証と構築』（96分）　ネルソン・フリーバーグ　8,190円（税込）

ツバイクの４％モデル指標、ワイルダーのボラティリティ・システム、ペンタッドストックタイミング・モデル、市場間債券先物モデルのシステムなど、古くから検証され続け保証済みのさまざまなシステムについて詳述。さまざまなシステムの検証結果と、具体的なハイリターン・ローリスクの戦略例を示すオリジナルの売買システム、構築についても述べている。

『バーンスタインのパターントレード入門』（104分）　ジェイク・バーンスタイン　8,190円（税込）

簡単なことを知り、実行するだけで、必ず成功できるやり方とはなんであろうか。それは「市場のパターンを知ること」である。講師のジェイク・バーンスタインの説くこの季節パターンに従えば、市場で勝ち続けることも夢ではない。ぜひそれを知り、実行し、大きな成功を収めていただきたい。

『ネイテンバーグのオプションボラティリティ戦略』（96分）　シェルダン・ネイテンバーグ　8,190円（税込）

「トレーダーズ・ホール・オブ・フェイム」受賞者のシェルダン・ネイテンバーグ氏が株式オプションの仕組みを解説。重要なのは、価格変動率とその役割を知り、オプションの価値を見極めること。そして市場が「間違った価値」を付けたときこそがチャンスなのだと教えてくれる。

『ジョン・マーフィーの値上がる業種を探せ』（94分）　ジョン・J・マーフィー　8,190円（税込）

ジョン・マーフィーの専門であるテクニカル分析とは少し異なり、市場同士の関係とセクター循環がテーマ。また、講演の最後には「告白タイム」と称して、テクニカルとファンダメンタルズの違いや共通点についても熱く語っている。①市場の関係、②セクター循環、③ファンダメンタルズとテクニカル！

『アラン・ファーレイの収益を拡大する「仕掛け」と「仕切り」の法則』（101分）　アラン・ファーレイ　8,190円（税込）

スイングトレードの巨人アラン・ファーレイが、「仕掛け」と「仕切り」の極意を解説する。トレーディングのプロセスを確認し、有効な取引戦略を設定・遂行するためのヒントに満ちた101分。

『成功を導くトレーダー、10の鉄則』（99分）　ジョージ・クレイマン　5,040円（税込）

25年に及ぶ独自の経験とW・D・ギャンなどトレーディングのパイオニア達の足跡から、クラインマンが成功のためのルールを解説する。成功のための10則（取引過剰、懐疑心、ナンピン、資金管理、トレンド、含み益、相場に聞く積極性、ピラミッド型ポジション、ニュースと相場展開）。

『マーク・ラーソンのテクニカル指標』（91分）　マーク・ラーソン　5,040円（税込）

移動平均、売買高、MACDなどのテクニカル指標を使いこなして、トレーディングに良い効果をもたらそう！　そのコツの数々をラーソンが解説する。

『マクミランのオプション戦略の落とし穴』（106分）　ラリー・マクミラン　8,190円（税込）

オプション取引の第一人者、マクミランが基本的な戦略の問題点と改善方法を分かりやすく解説したセミナー。オプション取引とは無縁なトレーダーにとっても、プット・コール・レシオ、ボラティリティ、オプションそのものを指標にして、原市場の「売り」「買い」のサインを読み取る方法などを紹介している。

●パンローリング発行

Pan Rolling

相場データ・投資ノウハウ
実践資料…etc

ここでしか入手できないモノがある

今すぐトレーダーズショップに
アクセスしてみよう！

1 インターネットに接続して http://www.tradersshop.com/ にアクセスします。インターネットだから、24 時間どこからでも OK です。

2 トップページが表示されます。画面の左側に便利な検索機能があります。タイトルはもちろん、キーワードや商品番号など、探している商品の手がかりがあれば、簡単に見つけることができます。

3 ほしい商品が見つかったら、お買い物かごに入れます。お買い物かごにほしい品物をすべて入れ終わったら、一覧表の下にあるお会計を押します。

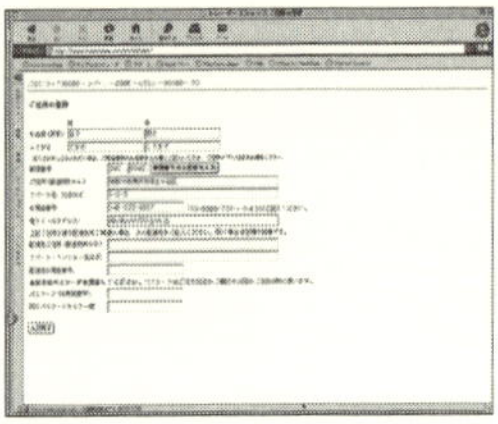

4 はじめてのお客さまは、配達先等を入力します。お支払い方法を入力して内容を確認後、ご注文を送信を押して完了（次回以降の注文はもっとカンタン。最短 2 クリックで注文が完了します）。送料はご注文 1 回につき、何点でも全国一律 250 円です（1 回の注文が 2800 円以上なら無料！）。また、代引手数料も無料となっています。

5 あとは宅配便にて、あなたのお手元に商品が届きます。
そのほかにもトレーダーズショップには、投資業界の有名人による「私のオススメの一冊」コーナーや読者による書評など、投資に役立つ情報が満載です。さらに、投資に役立つ楽しいメールマガジンも無料で登録できます。ごゆっくりお楽しみください。

Traders Shop

http://www.tradersshop.com/

投資に役立つメールマガジンも無料で登録できます。 **http://www.tradersshop.com/back/mailmag/**

パンローリング株式会社
お問い合わせは
〒160-0023 東京都新宿区西新宿 7-9-18-6F
Tel：03-5386-7391 Fax：03-5386-7393
http://www.panrolling.com/
E-Mail info@panrolling.com

携帯版